인공지능과 미래사회

인공지능 시대 사회, 윤리, 문화

인공지능과 미래사회

인공지능 시대 사회·윤리·문화

정보현 저

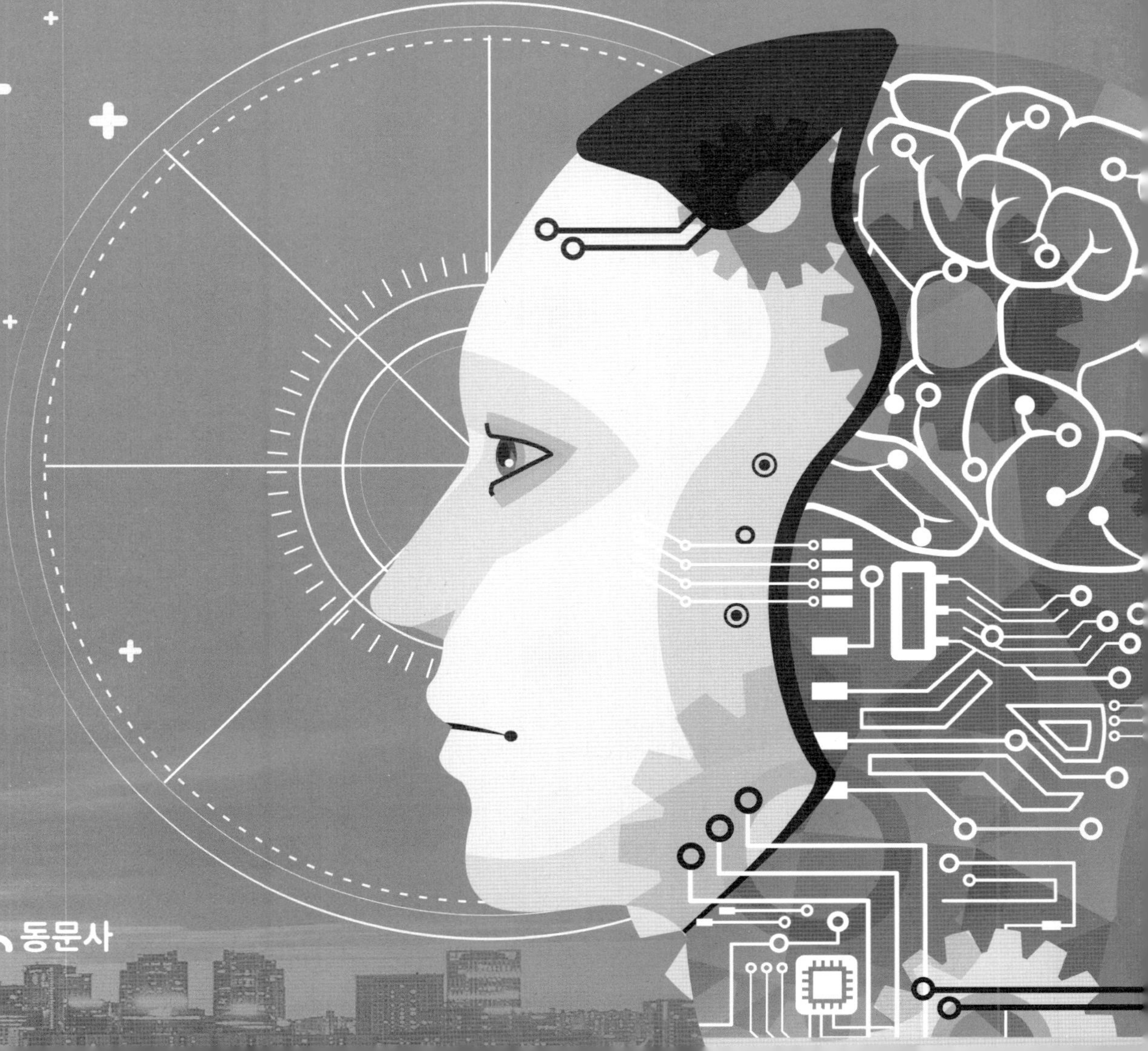

동문사

이 책은 4차 산업혁명 시대를 살아가는 우리가 인공지능과 공존하며 윤택한 삶을 살기 위해 사회, 윤리, 문화적으로 인공지능 기초 교양을 함양하기 위해 집필되었다.

이제 인공지능은 우리 삶에 선택이 아닌 필수가 되었다. 인공지능의 기술 발전은 삶을 편리하게 해주고 인류에게 새로운 미래를 열어주고 있다. 그러나 한편으로는 미래 일자리에 대한 불안과 사생활 침해와 같은 윤리적 문제 그리고 사회적 합의가 필요한 고민거리를 과제로 주고 있다.

이제 인공지능은 예술에서도 인간의 작품을 능가하고 있고, 소설에서도 인간과 겨루어 공모전에 당선되기도 하며, 아름다운 풍경을 보고 시를 쓴다. 인간과 인공지능의 차별점이라 믿었던 창의성, 감수성 영역의 경계도 무너지고 있다. 이렇게 기술이 급변하는 시기에 인공지능이 무엇인지 우리 삶에 어떤 영향을 미치는지 그리고 어떤 방향으로 함께 나아가야 하는지에 대한 고민이 필요하다.

이 책은 총 3단계로 구성되어 있다. 첫 번째 단계에서는 인공지능의 실생활 사례와 미래를 보여주는 영화들을 통해 인공지능의 개념과 종류, 기술 트렌드를 익힐 것이다. 두 번째 단계에서는 인공지능으로 현재와 미래에 마주할 개인정보, 편향성 등 윤리적 논의들을 함께 고찰할 것이다. 마지막 단계에서는 인공지능과 인류가 공존하기 위한 사회, 법적 노력과 미래 발전 방향을 다루었다.

끝으로 이 책이 강원도특별자치도교육청의 인정도서로 선정됨에 감사드린다. 이 책을 통해 여러분들이 사회와 윤리, 문화를 아우르는 기초 소양을 함양해 미래사회 인공지능과 공존하는 지혜를 만나시기를 바란다.

2024년 1월

저자 정보현

차 례 CONTENTS

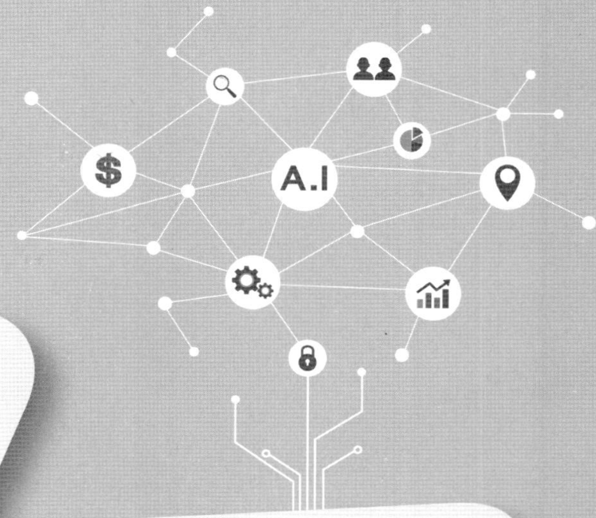

• PART I •

인공지능의 개념과 이해

CHAPTER 01 | 인공지능의 붐과 배경

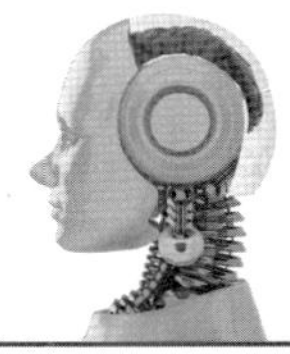

1 왜 인공지능이 주목받고 있는가?

> 충분히 발달한 과학 기술은 마법과 같다.
>
> \- 아서 클라크-

충분히 발달한 과학기술은 마법과 같다는 아서 클라크의 말처럼 현재 인공지능은 인류에게 마법과 같은 기술의 진보를 가져다주고 있다. 인공지능은 인간만큼 정교하게 대화를 하고, 유명 예술가보다 더 높은 가격으로 판매되는 그림을 창작하고 과학자들에게 오랜 과제였던 단백질의 3D 구조를 해명하고 있다. 약 40억 년 전 시작된 인류의 역사에서 인공지능이 등장한 이후의 기술은 기하급수적으로 발달하고 있다.

이러한 기술적 혁신과 같은 이슈가 아니더라도 인공지능은 이제 우리의 일상이 되었다. 우리는 인공지능과 함께 하루를 열고 하루를 마무리한다. SNS로 소통을 할 때도, 일터에서도, 쇼핑과 문화를 즐기는 매 순간에도 인공지능과 함께 생활하고 있다.

선택이 아닌 필수가 된 인공지능과 함께 살아가기 위해서는 인공지능으로 달라질 미래를 대비해야 한다. 인공지능이 인류에게 미치는 긍정적인 영향과 부정적인 영향을 파악하고, 현재와 미래에 인공지능과 공진화하기 위한 지혜가 필요하다.

인공지능을 주목시킨 이슈

인공지능의 개념은 1950년대부터 등장해 꾸준히 발전해 왔다. 하지만 전 세계적으로 인공지능의 위력을 실감하게 만든 사건은 2016년 알파고의 바둑대국 승리와 클라우스 슈밥의 4차 산업혁명 선언이다.

알파고와 이세돌 9단의 바둑대국

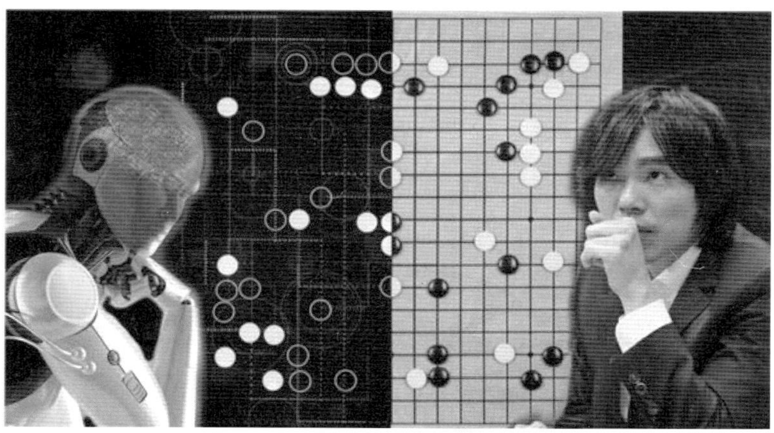

2016년 이세돌 9단과 알파고의 바둑대국

출처: SBS 뉴스, 아시아경제.

인공지능의 붐을 일으킨 첫 번째 사건은 2016년 3월 한국에서 있었다. 바로 이세돌 9단과 구글의 딥마인드가 개발한 바둑 프로그램인 알파고와의 바둑 대국이다. 이 역사적 대국 직전에 과학계와 바둑계에서는 다양한 예측을 내놓았다. 과학계에서는 인공지능의 기술 발달에 기대를 걸며 알파고의 승리를 예측했지만, 바둑계와 대부분의 전문가들은 이전까지 인공지능의 바둑 실력을 분석하며 이세돌 9단의 승리를 예측했다.

하지만 결과는 알파고의 4:1 승이었다. 바둑은 '반상 위에 펼쳐지는 우주'라 할 만큼 천재들도 즐겼던 최고의 지적 스포츠라 불린다. 첫 번째 수를 주고받을 때 경우의 수는 12만 9960가지나 될 정도로, 무한한 경우의 수와 독창성 때문에 인공지능이 바둑천재를 이겼다는 것은 인류에게는 실로 충격적인 사건이었다. 이후 알파고는 다른 바둑기사들과의 대국에서 계속 완승을 거두었고 이세돌 9단의 1승은 인간이 인공지능을 이긴 마지막 기록이 되었다. 이후 한국기원과 중국기원은 알파고에게 '프로 명예단증(9단)'을 수여했고, 인공지능이 바둑에서 기존 통념을 넘어 창의적 수와 대세관으로 패러다임을 바꿀 것이라 전망했다.

클라우스 슈밥의 4차 산업혁명 선언

인공지능을 주목시킨 두 번째 이슈는 클라우스 슈밥의 4차 산업혁명 선언이다. 2016년 스위스 다보스 포럼에서 클라우스 슈밥 의장은 "4차 산업혁명이 시작되었다. 4차 산업혁명은 우리가 하는 일을 바꾸는 것이 아니라 인류 자체를 바꿀 것이다"라고 했다.

다보스 포럼의 4차 산업혁명 선언 이전부터 각 나라별로 4차 산업혁명은 시작되고 있었다. 독일은 2011년부터 국가적으로 산업분야의 문제들을 해결하기 위해 Industry 4.0을 시작했다. 이후 미국을 비롯한 중국, 일본 등 전 세계 나라에서도 인공지능의 중요성을 강조하며 인공지능을 국가의 핵심전략으로 수립했다.

이렇게 각 나라들이 미래를 대비하는 산업혁명을 시작하였지만 2006년 세계경제포럼(WEF)의 '4차 산업혁명' 선언으로 이러한 산업혁명들은 하나의 용어로 일괄 정리되었다. 인공지능은 2016년 알파고 쇼크를 거쳐 다보스 포럼의 '4차 산업혁명' 선언을 거쳐 무한한 붐을 맞이하고 있다.

독일의 Industry 4.0

독일은 2011년부터 인건비와 고령화, 에너지 자원부족 등의 국가 산업의 주요 문제에 적극적으로 대응하기 위해 제조, 에너지, 환경 분야에서 Industry 4.0을 시작했다. 특히 제조 전반에 걸쳐 ICT 기술을 접목해 사물인터넷(IoT), 사이버물리시스템(Cyber Physical System), 센서기술 등으로 생산과정 전체를 연결하고, 모니터링과 피드백을 실시간 하는 '사물 지능화'를 추진해 생산성을 향상시켰다.

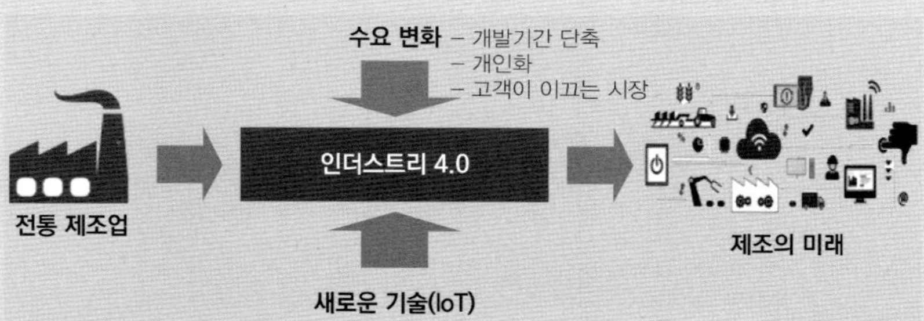

출처: DFKI 제공.

2 4차 산업혁명의 핵심 기술 인공지능

산업혁명의 변화

4차 산업혁명의 핵심 기술은 **인공지능**과 **빅 데이터**이다. 인공지능이 왜 4차 산업혁명의 핵심 요소인지를 이해하기 위해서는 산업혁명의 변화를 살펴볼 필요가 있다.

인류는 18세기부터 기술의 진보를 이루며 산업발전을 이루어 왔다. 시대를 바꾸는 '혁신적인 기술'이 탄생할 때마다 2차, 3차 산업혁명을 겪으며 현재 4차 산업혁명을 맞고 있다.

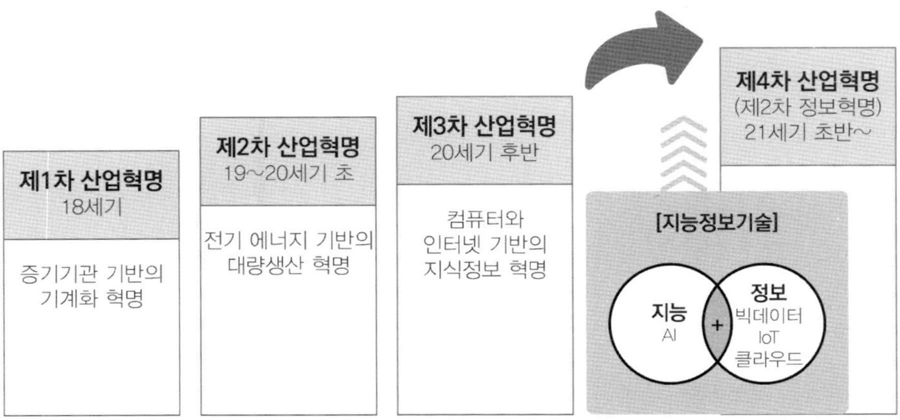

각 산업혁명별 핵심 기술

출처: 인천광역시 홈페이지(https://www.incheon.go.kr/eco/ECO010201).

1차 산업혁명 시대인 18세기를 이끈 핵심 기술은 '증기기관'이다. 증기기관의 발명으로 인간의 노동력이 기계로 대체된다. 수공업이 기계공업으로 전환되면서 생산성이 급진적으로 향상되어 공업이 발전했다.

2차 산업혁명 시대인 19세기 핵심 기술은 '전기 에너지'이다. 증기기관

보다 더 정교하고 강력한 전기는 공업을 더욱 활성화시켰고 대량생산이 가능해졌다.

3차 산업혁명 시대인 20세기 후반의 핵심 기술은 '컴퓨터'와 '인터넷'이다. 컴퓨터와 인터넷을 통해 수많은 정보들이 탄생하고 실용화되면서 무형의 지식이 자산이 되는 지식정보 혁명을 겪는다.

4차 산업혁명 시대인 21세기 초반의 핵심 기술은 '인공지능'과 '빅 데이터'이다. 앞서 지식정보 혁명기 동안 축적된 빅 데이터를 인공지능이 스스로 가공하며 사물이 스스로 지능을 발휘하는 '만물 초지능혁명'이 일어난 것이다.

산업혁명을 이끄는 인공지능 기술

4차 산업혁명을 3차 산업혁명과 구분 짓는 핵심 요소는 컴퓨터가 스스로 지능을 발휘한다는 것이다. 3차 산업혁명 시대에도 인터넷과 컴퓨터가 있었다. 하지만 이때는 인간이 컴퓨터 시스템을 활용해 지식을 학습했다면, 4차 산업혁명 시대에는 컴퓨터 시스템이 직접 학습을 하고 지능을 발휘할 수 있게 되었다. 바둑을 예로 들면 3차 산업혁명 시대에는 인간이 컴퓨터를 활용해 바둑 지식을 공유하고 학습했다. 그런 4차 산업혁명 시대에는 컴퓨터 시스템 자체가 바둑 지식을 학습한 후 스스로 바둑을 두게 된 것이다. 인공지능은 이제 계산, 바둑 등과 같은 특정 영역을 넘어 인간과 가까이 있는 생활가전에서도 지능을 발휘하며 일상생활로 영역을 확장하고 있다.

3 미래 먹거리 산업 인공지능

인공지능은 예상을 넘을 만큼 빠르게 성장하고 있다. 코로나 19에도 불구하고 전 세계 인공지능 시장의 규모는 더욱 커지고 있다. 많은 회사들이 '인공지능'이란 새로운 시대적 변화에 맞춰 인공지능 관련 기구를 신설하고 인재 육성과 투자에 집중하고 있다.

세계 글로벌 IT 기업들의 'AI FIRST'

세계 기업들이 앞다투어 인공지능을 선점하려 하는 이유는 인공지능이 미래 신성장동력 사업들을 모두 아우르기 때문이다. 인공지능은 스마트카, 로봇, 사물인터넷(IoT) 등의 핵심 기술이다. 더욱이 인공지능 기술이 고도화될수록 시장 가치도 현재보다 상승될 것으로 예상한다. 전 세계 글로벌 IT 기업인 구글, 페이스북, 마이크로소프트 등은 'AI First'를 선언하고 인공지능을 미래 먹거리 산업으로 연구하고 있다. 또한 소프트웨어 플랫폼 개발, 유망 벤처 기업의 인수, 우수 인력 영입 등으로 인공지능에 적극적인 투자를 하고 있다.

세계 글로벌 IT 선도 기업의 인공지능 투자 현황

기업	투 자 현 황
Google	• 오픈소스 기반 인공지능 SW • 구글포토 서비스 • 알파고 바둑 대국 프로젝트 발표
facebook	• 마크 저커버거, 인공지능 기술 개발 추진 • SNS 대규모 데이터를 적극 활용 계획 • 머신러닝 학습 분석 HW '빅서' 설계 공개
Apple	• 빅러닝, 머신러닝 분야 스타트업과 M&A • 15년 퍼셉티오 보컬IQ 인수 • 16년 이모션트 인수
IBM	• 인공지능 수퍼컴퓨터 '왓슨'으로 미래 인지 비즈니스 주도 계획 • 의료 빅 데이터와 인공지능 기술과 접목한 서비스 고도화 추진
Microsoft	• 15년 음성인식 '코타나' 출시, 감정인식 프로그램 개발 • 16년 인공지능 스타트업 '스위프트키' 인수 발표

출처: IT조선(2016.02.16.). http://it.chosun.com

산업 주도권 선점을 위한 국가별 인공지능 투자

산업혁명을 살펴보면 1차는 영국, 2차부터 4차까지는 미국의 주도로 이루어졌다. 이를 볼 때 산업혁명을 주도하는 나라는 그 시대 주도권을 선점하며 경제부국으로 성장한다.

각 나라들도 미래 산업의 주도권을 선점하기 위해 4차 산업의 핵심 동력인 인공지능을 국가전략으로 수립하고 인공지능과 빅 데이터 분야에 막대한 투자를 하고 있다. 냉전 시대에 우주를 기술 경쟁을 했던 것처럼 현재는 미국과 중국 간의 무역 전쟁도 인공지능을 비롯한 첨단 기술 경쟁이 핵심 요소가 되었다.

글로벌 국가의 인공지능 투자현황

국 가	주요 추진내용
독일	• 인터스트리 4.0 플랫폼을 설립해 스마트공장 구축
미국	• AI 개발 뇌 연구 '브레인 이니셔티브' 정책 시행 • '국가로봇계획'으로 로봇 개발 지원
일본	• 저출산, 고령화 대비 '로봇혁명 이니셔티브'로 로봇산업 육성
중국	• '중국제조 2025' 계획 토대로 ICT 기반 제조업 발전 목표

우리나라의 인공지능 국가전략

우리나라도 'IT 강국을 넘어 인공지능 강국으로!'를 선언하고 인공지능 시대에 미래 비전과 전략을 담은 'AI 국가전략'을 발표했다. 주요 내용을 보면 AI 반도체 세계 1위 선도, 전 생애·모든 직군에 걸친 인공지능 교육 실시 및 세계 최고의 인공지능 인재 양성을 국가전략으로 수립하고 있다.

우리나라의 인공지능 개발 현황

2023년 The Global AI Index 상위 10개 국가

순위	국가	전체 순위	인재	인프라	운영 환경	연구	개발	정부 전략	상업적 벤처
1	미국	1	1	1	28	1	1	8	1
2	중국	2	20	2	3	2	2	3	2
3	싱가포르	3	4	3	22	3	5	16	4
4	영국	4	5	24	40	5	8	10	5
5	캐나다	5	6	23	8	7	11	5	7
6	한국	6	12	7	11	12	3	6	18
7	이스라엘	7	7	28	23	11	7	47	3
8	독일	8	3	12	13	8	9	2	11
9	스위스	9	9	13	30	4	4	56	9
10	핀란드	10	13	8	4	9	14	15	12

출처: 영국 Tortois Media, The Global AI Index.
(대학지성, https://www.unipress.co.kr/news/articleView.html?idxno=9277)

IT 강국에서 인공지능 강국으로 가기 위해 우리나라가 가야 할 길은 아직 멀다. 영국 데이터 분석업체 토터스 인텔리전스 조사에 따르면, 인공지능 생태계 수준을 나타내는 'AI Index' 지수에서 우리나라의 인공지능 지표는 세계 6위로 나타났다. 미국은 AI 인재, 인프라, 연구, 개발, 상업적 벤처 분야에서 1위를 나타내며 세계 1위를 차지하고 있다. 우리나라도 혁신 분야인 개발에서는 순위가 3위로 높게 나타났지만 인재 육성과 운영환경 부문 등은 10위권 밖으로 뒤처지는 것으로 나타났다.

우리나라의 인공지능 환경을 개선하기 위해서는 부족한 인력풀을 개선할 필요가 있다. 국내에서 인공지능 인력에 대한 수요는 높지만 공급은 턱없이 모자라는 실정이다. 엘리먼트 AI의 조사자료를 보면 우리나라의

I PART

인공지능 전문 인재현황은 세계 22위(2,551명)로 1위 미국(18만 8,300명, 39.4%), 2위 인도(7만 6,213명, 15.9%), 3위 영국(3만 5,401명, 7.4%)에 비해 턱없이 낮게 나타났다.

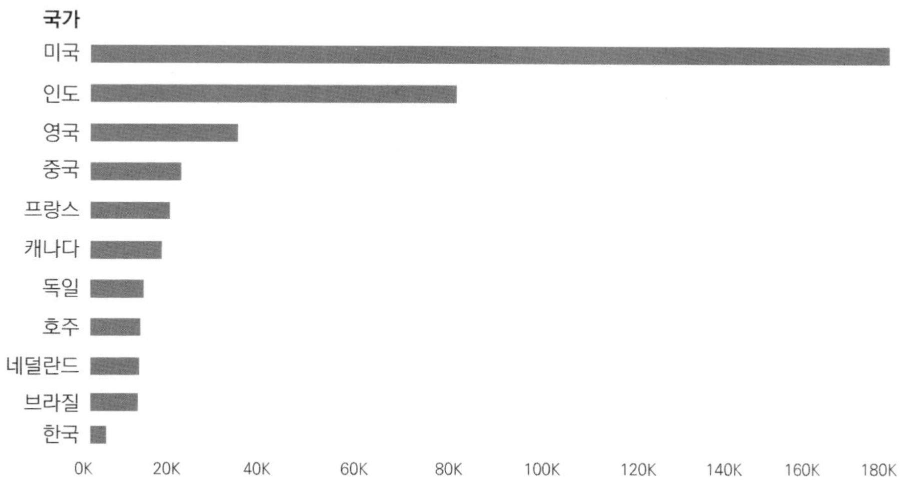

출처: Element AI, 2020. Global AI Talent Report 2020.
(데이터솜, https://www.datasom.co.kr/news/articleView.html?idxno=128584)

이러한 인력난 문제를 해결하기 위해서는 정부의 지원과 기업의 적극적인 투자가 필요하다. 초등학교부터 고등학교까지 인공지능 인력을 양성하는 교사 확충과 수준별로 차별화된 인공지능 전문인력 양성 교육이 필요하다. 또한 전문인력의 유출을 막는 환경을 조성해야 한다. 인공지능 인재 확보의 경쟁이 전세계적으로 치열한 가운데 미국은 기업이 주도하여, 중국은 국가가 주도하여 인공지능 인재 육성에 투자하고 있다. 인공지능 분야 인재가 줄거나 해외로 이탈하고 있어 국내 IT 기업들도 해외 인력을 영입하거나 연구소를 해외로 확대하고 있는 실정이다.

핵심인재 양성 이외에도 전 국민 대상의 단계적인 인공지능 교육 강화가 필요하다. 우리나라는 국민들이 전 생애를 걸쳐 모든 직군에서 인공지능 교육을 받도록 단계적 준비를 하고 있다. 유치원에서는 놀이식 인공지능 교육을 적용하고, 초등생에서 고등학생까지는 2025년부터 개정 교육과정으로 인공지능 교육을 포함시켜 'AI 기초원리', 'AI 활용', 'AI 윤리' 교과 등을 운영할 계획이다. 또한 초, 중, 고 이외에도 평생교육 차원에서도 전 국민 인공지능 평생교육을 함께 실시한다. 대학에서는 인공지능 융합전공을 개설하고 직군별로 인공지능 역량을 함양하는 인공지능 실무 교육을 추진하고 있다.

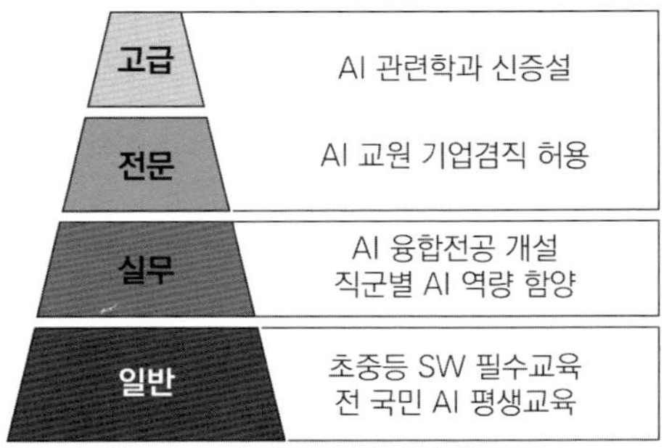

우리나라 AI 인재양성 전 국민교육 로드맵

출처: 과학기술정보통신부.

CHAPTER 02 | 인공지능의 개념과 종류

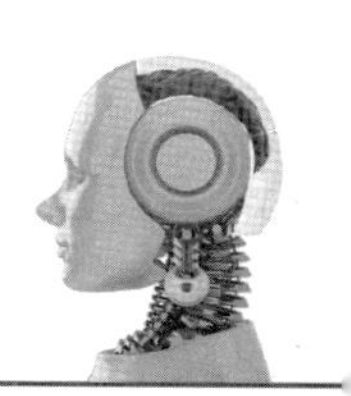

1 인공지능은 무엇인가?

인공지능의 개념

현재 인공지능이라는 용어가 다양한 곳에서 사용되고 있어서 보다 명확한 개념적 정의를 살펴보는 것이 필요하다.

인공지능(Artificial Intelligence)은 말 그대로 인공적인 지능이다.

인공지능의 사전적인 개념은 다음과 같다.

- 인간의 지능이 가지는 학습, 추리, 적응, 논증 따위의 기능을 갖춘 컴퓨터 시스템(국어사전)
- 인간의 학습능력과 추론능력, 지각능력, 자연언어의 이해능력 등을 컴퓨터 프로그램으로 실현한 기술(두산백과)
- 인간의 지적 노력이 컴퓨터에서 실행되도록 하기 위한 기술, 또는 인간의 지적 노력을 수행하는 것이 가능한 컴퓨터 시스템(IT 용어사전 바이너리)

인공지능에 대한 여러 정의들을 볼 때 **'인간의 지능을 실현하는 컴퓨터 시스템'**이라 할 수 있다.

지능을 알기 위해서는 인간의 지능 발달을 알아볼 필요가 있다. 생명체의 지능은 수십억 년의 시간 동안 진화하며 발달해 왔다. 하지만 인공지능의 역사는 약 1950년부터 시작되었다. 또한 뇌에 대한 연구는 아직까지 밝혀지지 않은 부분이 많으며 구조와 원리도 컴퓨터 시스템과는 다르다. 인공지능을 자연 지능과 똑같이 실현하기는 아직 많은 연구와 시간이 필요하다.

지능의 개념

인공지능은 사람의 지능을 컴퓨터 시스템으로 실현한 것이다. 인공지능을 이해하기 위해서는 인간의 지능은 무엇인지에 대한 이해가 필요하다. 교육 분야에서는 인간의 지능을 다음 세 가지로 설명하고 있다.

첫째, 지식을 습득할 수 있는 능력
둘째, 추상적으로 생각하고 추론할 수 있는 능력
셋째, 새로운 문제를 해결할 수 있는 능력

위 정의는 지적 능력에 초점을 두고 있다. 인간의 지능에 대한 연구는 1900년대부터 꾸준히 연구되어 왔다. 초기 연구에서 지능은 주로 학습을 수행할 수 있는 지적 능력에 초점이 맞추어져 있었다. 지능검사의 출발도 학교에서 학습을 할 수 없는 아동을 구분하기 위한 목적이었다. 현재 가장 널리 활용되는 웩슬러(Wechsler) 지능검사의 항목을 살펴보면 언어, 지각, 기억, 처리속도와 같은 지적능력에 초점을 맞추고 있다.

현재 인공지능 기술은 학습하고, 문제를 해결하는 능력을 볼 때 게임이나 계산과 같은 특정 영역에서는 인간의 능력을 능가했다. 수학에서는 1

초에 약 5천조 회 연산을 한다. 자율주행에서는 교통주행 지식을 학습하고, 도로 상황을 판단하고, 주행 중 발생하는 문제를 해결하는 능력을 갖추고 있다. 이렇게 특정 범위에서는 인공지능이 인간의 지능만큼 능력을 발휘하고 있다.

그러나 세 번째 정의를 볼 때 인공지능은 학습하거나 입력되지 않은 새로운 문제를 해결하는 능력과 같은 '창의성'에서는 아직 인간을 능가하기 힘들다. 최근에 인공지능도 바둑에서 인간을 능가하는 수를 두고, 예술 분야에서 창작 활동을 하고 있지만 이것은 빅 데이터를 기반으로 학습한 창작물이다.

이처럼 인공지능과 차별화되는 창의성은 인공지능 시대에 인재가 갖추어야 할 역량으로 더욱 강조되고 있다.

지능에 대한 새로운 관점

기존에 지능연구가 지적 능력에만 치중되었다는 비판을 받으면서 지능에 대한 새로운 관점들이 탄생하고 있다. 이중 1983년 하워드 가드너가 제안한 다중지능은 사회, 문화, 상황적 관점을 고려해 총 8가지 지능을 제시했다.

다중지능 항목을 보면 전통적 지적 능력인 논리수학지능, 언어지능, 공간지능 이외에도 대인관계지능 자기성찰지능이 있다. 또한 가드너는 최근 9번째 지능으로 인생에 대해 깊고 다양한 질문을 하고 해답을 찾아가는 '실존지능'을 제시했다.

인공지능 기술이 고도로 발달할수록 한계로 지적되는 부분이 바로 이러한 지능이다. 인공지능은 경험치의 학습으로 설계된 알고리즘에 따라 움직인다. 사람의 감정을 살피고 공감하고, 자신을 이해하고 성찰하는 지능은 수학이나 바둑처럼 규칙과 결과가 명확하지 않기 때문에 인공지능에게 어려운 해결과제이다.

2 인간의 뇌와 인공지능의 차이점

인간의 뇌와 인공지능의 차이점

인간의 뇌와 인공지능의 첫 번째 차이점은 발달 순서이다. 인간의 뇌는 신체 발달처럼 완성되어 태어나지 않고 영아기, 청소년기, 성인기를 거쳐 기능별로 3단계에 거쳐 발달한다.

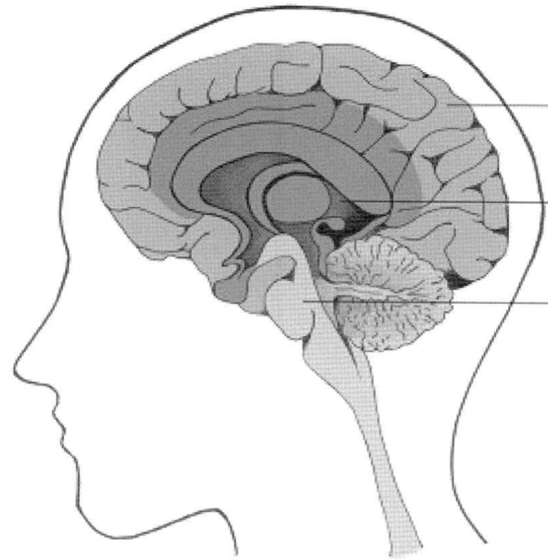

출처: 한겨레신문(2013.06.10.), 뇌 발달과 맞지 않는 선행교육이 가장 나쁩니다: 뇌과학자 서유헌 교수의 해법, 김정주.

영아기에 왕성하게 발달하는 뇌는 '생명의 뇌'로 1층 뇌라고 부른다. 뇌 부위에서 뇌간과 소뇌에 해당하는 부분으로 호흡, 신진대사 등 생명 유지를 관장한다.

청소년기에 왕성하게 발달하는 뇌는 '감정의 뇌'로 2층 뇌라고 불린다. 뇌 부위에서 변연계에 해당하며 기쁨, 슬픔, 고통과 같은 감정을 관장한다. 인간은 감정의 뇌가 발달하면서 사회성과 공감능력을 익혀간다.

성인기에 왕성하게 발달하는 뇌는 '이성의 뇌'로 마지막에 완성되는 3층 뇌이다. 뇌의 바깥쪽인 대뇌피질 부분으로 학습, 추론, 판단하는 이성의 부분을 관장한다. 인간은 청소년 후기를 거쳐 성인기가 되어야 이성을 주로 관장하는 대뇌피질 영역의 뇌가 완성된다.

최근 MRI 같은 의학 장비가 발달하면서 미지의 영역이었던 뇌 연구가 활발히 진행되고 있다. 청소년들에게 힘든 상황이 담긴 사진을 보여주면서 MRI를 촬영하면 감정을 관장하는 2층 뇌가 주로 활성화된다. 반면 성인들은 이성을 관장하는 3층의 뇌가 활성화된다. 이렇게 인간의 뇌는 성장 단계별로 본능, 감정, 이성을 관장하는 기능별로 발달을 이룬다.

하지만 인공지능은 인간의 뇌 발달 순서와는 반대로 이성, 추론, 판단 등을 관장하는 3층 뇌의 일부 기능이 수행하는 단계이다. 그러나 역설적이게도 인간이 2층 뇌에 해당하는 직관과 감정의 기능을 발휘하는 것은 인공지능에게 아직 어렵다. 인공지능이 인간보다 암기, 계산, 퀴즈풀기는 잘하지만 사람처럼 감정을 느끼고, 유머를 주고받고, 아름다움을 느끼는 능력은 앞으로의 개발 과제로 남아 있다.

정보 처리 특성의 차이

인공지능은 모든 정보를 부호로 바꾸어 처리한다. 예를 들어 문자 A를 인식할 때는 이진법으로 '0100001'이라는 부호로 나타낸다. 따라서 인공지능에게 숫자나 문자와 같이 부호화되지 않은 이미지와 같은 정보를 처리하는 것은 수천 단위의 수학 계산보다 훨씬 복잡하다.

하지만 인간의 뇌는 정보를 직관적으로 처리한다. '촉'이나 '감'이라는 표현처럼 인간은 상황을 직관적으로 판단하고 예측하는 일에 발달되어 있다. 이미지이나 소리와 같은 정보들은 부호화 과정을 거치지 않고 뇌에 즉각적으로 전달된다. 반대로 문자나 숫자와 같이 기호화된 정보들은 해석과정을 거쳐 뇌에 입력되고 인출된다.

또 정보를 뇌로 전달할 때도 문자보다는 이미지가 더 빨리 전달된다. 사람의 뇌의 특성을 볼 수 있는 간단한 실험이 있다. 사람에게 '사과를 머릿속에 떠올려 보라' 하면 둥근 사과의 이미지를 먼저 떠올리지 '사과'라는 단어를 먼저 떠올리지는 않는다.

또한 정보를 처리하는 과정에서 인공지능은 아무리 많은 명령도 한 번에 하나씩 처리한다. 인공지능이 동시에 여러 가지 일을 처리하는 것처럼 느껴지는 것은 하나씩 처리하지만 속도가 빠르기 때문이다. 그러나 인간의 뇌는 한 번에 여러 가지를 동시에 처리할 수 있다. 음악을 들으면서 음식의 맛을 평가하는 동시에 언어로 느낌을 표현한다.

이러한 정보처리 특성 때문에 로봇 공학자 한스 모라벡은 부호화되어 있는 정보는 인공지능에게는 쉽고 인간에게는 어려우며, 반대로 부호화시키기 힘든 정보는 사람에게는 쉽고 인공지능에게는 어렵다는 '모라벡의 역설'을 주장하기도 했다.

모라벡의 역설(Moravec's Paradox)
(인간에게는 쉬운 것이 인공지능에게는 어렵다?)

1970년대 미국의 로봇 공학자 한스 모라벡(Hans Moravec)은 '인공지능이 IQ 검사와 같은 테스트에서는 성인 수준이지만 인간에게는 일상적인 주변 상황을 지각하고 이동하는 등의 과제는 인공지능에게 더 어렵거나 아예 불가능하다'며 '모라벡의 역설'을 주장했다. 반면에 인간은 사물을 인지하고, 촉감을 느끼는 등 일상적인 행동은 유아기에도 수행 가능하지만 어려운 논리, 연산, 추론 등 기능은 청소년기 이후 숙련된 학습이 있어야 가능하다.
모라벡의 역설은 인공지능이 높은 수준의 추론을 위해서는 계산이 거의 필요 없지만 낮은 수준의 기술(예를 들어 걷기, 듣기, 느끼기, 눈으로 보기 등)은 엄청난 양의 연산 리소스가 필요하다는 발견이다. 이 원칙은 1980년대에 한스 모라벡, 로드니 부룩, 마빈 민스키 등에 의해 더욱 견고해졌다.

출처: 과학사이언스올, 과학백과사전(https://www.scienceall.com).

3 인공지능의 종류

인공지능은 **능력**과 **수행 범위**에 따라 약 인공지능과 강 인공지능으로 구분할 수 있다. 이 개념은 철학자 존 설(John Rogers Searle)이 만들어 낸 것으로 강한 인공지능은 인공지능 연구의 최종 목표로 아직은 영화 속에만 존재한다.

약 인공지능	강 인공지능
	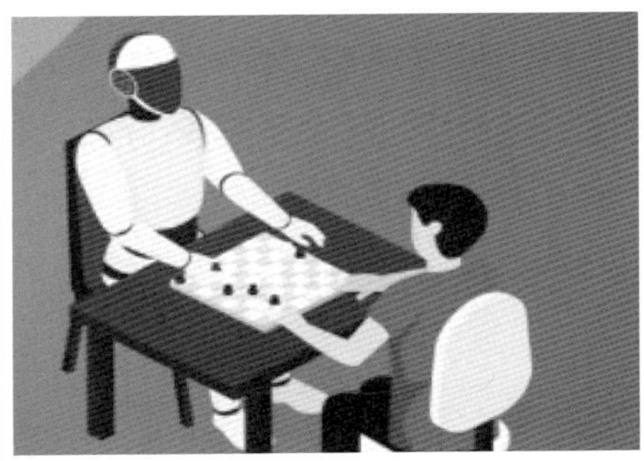
• 특정 영역에서만 활동 가능, 활용 범위가 한정적 • 알고리즘과 기초 데이터, 규칙 등을 입력해야 함 • 규칙을 벗어난 창조는 불가능함 • 프레임 문제를 극복해야 함 예) 알파고, 자율주행 자동차, Siri	• 다양한 보편적 분야 인간의 뇌와 동등한 기능을 함 • 알고리즘을 설계하면 스스로 데이터를 찾아 학습 • 정해진 규칙을 벗어나 능동적으로 학습해 창조 가능 • 감정을 기반에 둔 사고를 목표로 함 예) 자비스, 키트, Hal

출처: KDI 한국개발연구원(https://post.naver.com/viewer/postView).

약 인공지능

약 인공지능은 특정 영역에서 수행하도록 개발된 범위가 한정적인 인공지능을 말한다. 인간이 알고리즘과 기초 데이터, 규칙 등을 입력해야 한다. 따라서 인간처럼 능동적으로 움직이거나 규칙을 벗어난 창조는 할 수 없다. 현재 기술로 구현되는 인공지능은 약 인공지능이다. 알파고나 자율주행 자동차, 인공지능 비서가 대표적인 약 인공지능이다. 최근 Siri와 같은 음성 어시스턴트가 생활에서 다양한 일은 수행하고는 있지만 이것은 약 인공지능에 음성 인식기능을 조합한 것으로 범용적인 분야에서 인간과 같은 수행 능력을 가졌다고 할 수는 없다.

영국 드라마 '휴먼스'에서는 미래 사회에서 집안일을 돕는 가사 로봇이 가정에서 서서히 엄마의 역할을 차지하는 장면이 나온다. 윤리 학자들은 인간의 능력을 뛰어넘는 강 인공지능은 아직 먼 미래이지만 현실에서 인간 고유의 역할을 대처하는 약 인공지능을 더 경계해야 한다고 주장하기도 한다.

약 인공지능의 과제는 프레임 문제를 극복하는 것이다. 인공지능 알고리즘을 설계할 때는 ' ~라면 ~이다(IF~ THEN~)'라는 순서와 규칙을 입력하는데, 알고리즘은 이 프레임 밖의 상황은 인식하지 못한다. 따라서 설정된 상황 이외의 돌발 변수 등 다양한 상황에서는 대응하지 못하는 한계가 있다. 약 인공지능은 바둑과 같이 고도의 추론이 요구되는 분야에서는 인간보다 탁월한 능력을 발휘하고 있다. 하지만 인간은 상식수준으로 간단히 수행해야 하는 일에서도 '어디까지 가능성을 생각하는 것이 합리적인지' 판단하는 것은 어렵다.

강 인공지능

강 인공지능은 다양한 보편적 분야 인간의 뇌와 동등한 기능을 하는 인공지능이다. 알고리즘을 설계하면 스스로 데이터를 찾아 학습할 수 있다. 또 정해진 규칙을 벗어나 능동적으로 학습해 창조도 가능하다. 터미네이터와 같은 영화에서는 강 인공지능이 인간의 능력을 초월하면서 인류를 파괴하는 역할로 등장하기도 한다. 그러나 현재 기술로는 실현되지 않았으며, 학자들 사이에서도 강 인공지능의 실현 가능성에 대해 의견이 다양하다.

강 인공지능이 실현되려면 다양한 분야를 수행하며 유기적으로 연결해 종합적으로 판단을 내리는 기능이 개발되어야 한다. 강 인공지능은 인간과 같은 지적 능력 이외에도 인간과 같이 직관과 감정을 발휘하는 것은 아직 과제로 남아 있다. '직관'은 빠르고 단순해 보이지만 지금까지 경험과 감정 등 다양한 요소가 축적되어야 가능하기 때문이다. 강 인공지능을 개발하기 위해 인간의 뇌 신경 세포 구조를 모방하는 '뉴럴 네트워크'와 인간의 감정 관계를 본떠 만든 '감정 생성 엔진'과 같은 인간의 특성들을 모방하는 연구들이 이루어지고 있다.

프레임 문제(시한폭탄 문제를 해결하라!)

과제: 방 안에 배터리와 시한폭탄이 든 상자가 있다. 로봇에게 배터리를 꺼내도록 명령했다.

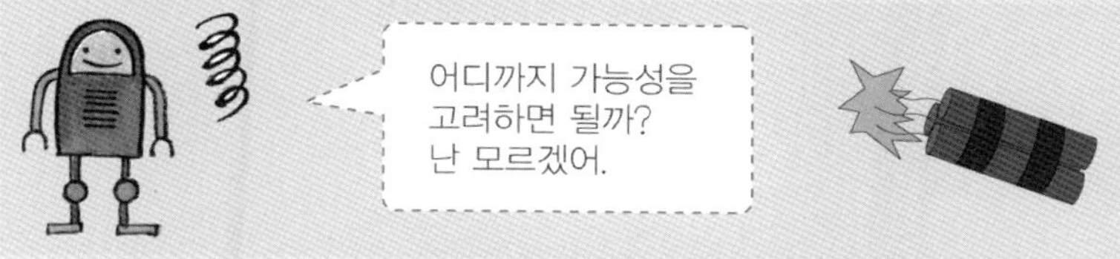

로봇 1호: 배터리를 가져오라는 과제만 부여받고, 폭탄은 두고 오라는 명령이 없어 폭탄을 함께 가지고 와 폭발하고 말았다.

로봇 2호: 폭탄은 두고 오도록 추가 입력해 로봇을 개량했다. 그러나 결국 목적을 달성하기 전에 시한폭탄이 폭발해 버렸다.

다음과 같은 목적과 무관한 가능성의 정보까지 계속 처리하다 결국 시한폭탄이 폭발하고 말았다.

- 천장은 떨어지지 않을까? 벽의 색깔이 변하지 않을까? 변화한다면 무엇이 발생하는 것일까? 등

로봇 3호: 목적과 무관한 정보는 처리하지 않도록 로봇을 개량했다. 그러나 이번엔 방 앞에서 정지해 버렸다.
"관계없는 일이란 무엇일까?"를 계속 생각하고 있었기 때문이다.

출처: 생활을 변화시키는 인공지능, 다쿠치 카즈히로 외(2018), 영진닷컴.

CHAPTER 03 | 인공지능의 역사

1 인공지능은 어떻게 발전되어 왔는가?

인공지능도 처음부터 똑똑하지는 않았다. 인류가 약 40억 년 전부터 유인원을 거쳐 현재 인류의 모습으로 진화해 온 것처럼 인공지능도 한때는 침체와 부활을 반복하며 발전해 왔다. 인공지능의 탄생부터 현재까지 인공지능 개발의 역사를 보겠다.

신화 속 인공지능

장인의 신 헤파이스토스

피그말리온의 조각상이 사람으로 탄생

출처: 다음 블로그 Kmozzart(https://blog.daum.net/kmozzart/16638), 브런치(https://brunch.co.kr).

헤파이스토스와 피그말리온

신화 속에서 인공지능의 역사를 살펴보면 그리스 신화에 등장하는 장인의 수호신 헤파이스토스가 있다. 헤파이스토스는 대장간의 신으로 신과 인간을 위해 불가능한 것을 가능케 하는 갑옷과 방패와 같은 도구들을 만들었다.

또 다른 신화에서는 사람의 외형과 똑같이 만들어진 로봇인 안드로이드의 개념과 유사한 '피그말리온'이 등장한다. 피그말리온은 현실 세계의 사람에게 환멸을 느끼며 자신이 바라는 완벽한 이상형을 조각상으로 만들었다. 그리고 진짜 사람이 되기를 매일 기도하며 마치 살아 있는 사람처럼 대한다. 피그말리온의 간절한 소망으로 마침내 이 조각상은 인간이 되었다. '간절히 바라면 이루어진다'는 피그말리온 효과는 이 신화에서 유래되었다.

현재 인류는 헤파이스토스와 같이 마법과 같은 기술의 발전을 이루며 발전하고 있다. 인공지능 제작 수준도 피그말리온에 버금가는 인간과 흡사한 외모와 인간에 버금가는 지적능력을 가진 안드로이드를 만들고 있다.

인공지능의 시초

500년 전 로봇 기사를 꿈꾼 다빈치

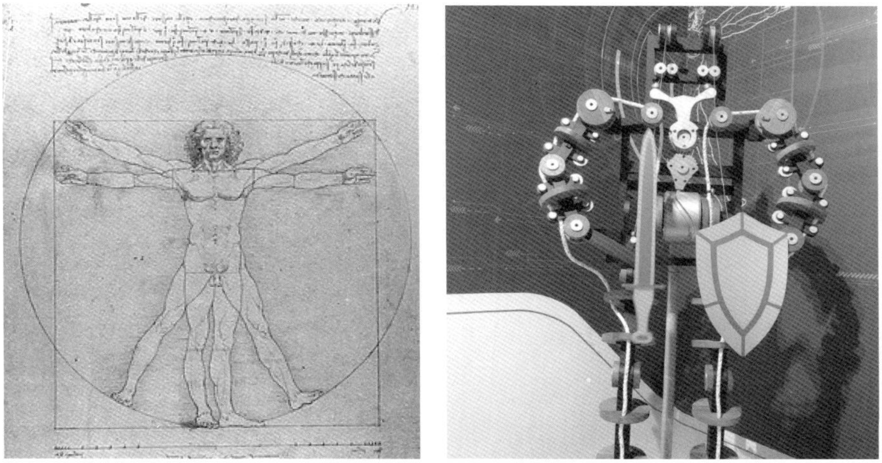

다빈치가 그린 인체비례도와 다빈치 설계로 재현된 로봇 기사

출처: Wikimedia commons, 과천과학관.

외형적으로 사람과 비슷한 모습의 로봇을 최초로 고안한 사람은 15세기 예술가이자 과학자인 레오나르도 다빈치이다. 다빈치는 시체해부를 직접 할 만큼 인체 연구에 몰두했었고 그가 남긴 인체 그림은 신체의 동작 및 균형 원리 등이 잘 나타나 있어 지금도 로봇 과학자들에게 참고 자료가 되고 있다. 다빈치는 사람의 신체가 매우 정교한 구조를 갖추고 있다는 것을 깨닫고 인체의 작동 원리를 응용한 사람 모양의 '로봇 기사' 설계도를 그렸다. 500년 전 로봇에 대한 다빈치의 꿈은 97년에 컴퓨터 애니메이션을 통해 로봇으로 제작되기도 했으며 최근 미항공우주국(NASA)에서는 다빈치의 아이디어에 기반한 휴머노이드를 복원해 내기도 했다. 그러나 다빈치의 로봇 기사는 오늘날 인공지능의 개념과는 달리 외형과 동작에서 사람과 같은 기계를 만드는 시도였다.

인공지능을 최초로 제안한 앨런 튜링

'지능'의 개념으로 인공지능을 최초로 제안한 사람은 영국 수학자 앨런 튜링(Alan Turing)이다. 튜링은 '컴퓨터 기계와 지능'이라는 논문에서 **'인간의 지능과 비슷한 기능을 하는 기계를 만드는 것이 가능할 것'**이라는 제안을 하며 최초로 인공지능의 개념을 제시했다. 이후 튜링의 영향을 받은 헝가리 수학자 존 노이만이 오늘날과 같은 컴퓨터 구조를 만들었다. 미국 컴퓨터학회(ACM: Association for Computing Machinery)에서는 튜링의 업적을 기려 컴퓨터 과학에 업적을 남긴 사람에게 매년 '튜링상'을 수여하고 있다. 인공지능의 아버지라 불리는 마빈 민스키와 존 매카시 그리고 최근에는 제프리 힌턴 교수가 이 상을 수상했다.

영화 '이미테이션 게임'

제 2차 세계대전 당시 연합군은 독일군의 공격으로 최악의 위기에 처한다. 독일은 라디오를 통해 군사기밀을 전파하지만 연합군은 독일의 '에니그마'라는 암호체계를 해독할 수 없어 속수무책으로 당하기만 한다. 결국 연합군은 각 분야의 수재들을 모아 기밀 프로젝트 암호 해독팀을 가동한다.
영국의 천재 수학자 앨런 튜링은 암호 해독을 위한 특별한 기계를 발명하지만 24시간마다 바뀌는 완벽한 암호 체계 때문에 번번이 좌절하고 만다. 하지만 결국 앨런 튜링과 암호 해독팀은 **암호를 풀며 프로젝트를 성공시켰고 2차 세계대전은 2년이나 단축되고 1400만 명의 목숨을 살리게 된다.**

출처: 영화 '이미테이션 게임'.

튜링 테스트

1950년 앨런 튜링은 컴퓨터가 스스로 사고할 수 있음을 확인하려면 대화를 나눠보면 된다고 주장했다. 이런 튜링의 제안으로 '튜링 테스트'가 탄생했다. **튜링 테스트는 사람이 인공지능과 대화를 하며 그 대화 상대가 사람인지 인공지능인지를 구분하지 못하면 통과하는 테스트**이다. 튜링은 컴퓨터가 의식을 가진 사람처럼 자연스럽게 대화를 주고받을 수 있다면 그 컴퓨터도 의식이 있다고 봐야 한다고 주장했다.

하지만 그 당시 컴퓨터의 성능과 데이터는 대화에서 인간을 능가할 만큼 발달하지는 못했다. 인공지능이 최초로 튜링 테스트를 통과한 것은 1950년 튜링의 제안 시점보다 한참 뒤인 2014년이다.

튜링 테스트(Turing test)와 캡차(Captcha)

최초로 튜링 테스트를 통과한 러시아 슈퍼컴퓨터는 우크라이나에 사는 13세 '유진 구스트만'으로 설정하고 테스트에 참가했다. 다음은 유진 구스트만의 튜링테스트 장면 일부이다.

질문자: 난 미국 수도에 살아. 어딘지 아니?
유　진: 바보천치라도 미국 수도가 워싱턴인지는 안다고요.
질문자: 나는 사람을 달에 쏴 올린 나라 수도에 살아.
유　진: 음, 대답을 원한다면, 미국 수도는 워싱턴이죠.

튜링 테스트는 인간과 같은 사고 능력이 탁월하기보다는 오타를 내는 등 사람처럼 소통하는 '의인화' 능력이 통과 여부에 영향을 준다는 비판도 있다. 하지만 인공지능의 능력을 측정하는 하나의 기준이 되고 있다.

튜링 테스트 방식을 응용해 웹 페이지 상 사용자가 사람인지를 테스트하는 '캡차(Captcha)'도 있다. 캡차는 기계는 인식하기 어려운 휘어지거나 어그러진 문자를 인식하는 능력을 통해 사용자가 사람임을 구분한다. 회원가입 자동 생성이나 광고 게시물 등록을 방지하는 등의 기능뿐 아니라 인공지능 개발에도 응용되고 있다.

SMWM 글자를 휘어 놓은 캡차의 예시

출처: 위키백과.
출처: 한국일보, 티스토리(https://kkkkhd.tistory.com/481).

2 인공지능의 붐(Boom)과 겨울

1950년대 인공지능 개념이 제시된 이후 인공지능의 역사는 순탄하지만은 않았다. 인공지능은 발전과 쇠퇴를 거듭하며 지금까지 3차례의 붐(Boom)과 2차례의 겨울을 겪어왔다.

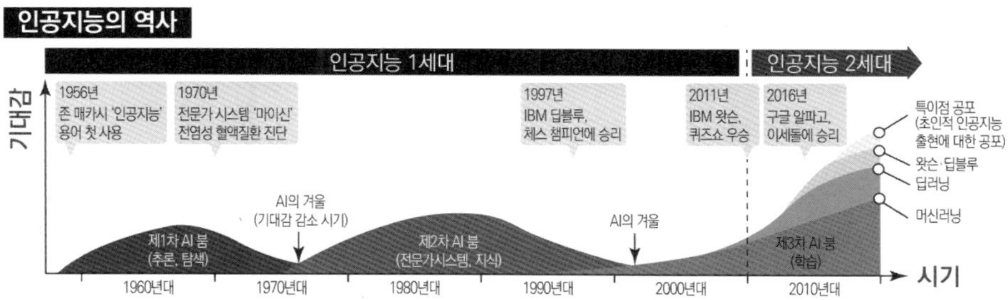

자료: 마쓰오 유타카의 〈인공지능과 딥러닝〉, 제트 호킨스.

인공지능의 역사

출처: 한겨레 신문, 미래&과학(2017.01.09.).

1차 붐과 1차 겨울

1차 붐

'인공지능'이라는 용어가 처음 사용된 것은 1956년 미국 다트머스대 워크숍이다. 이 역사적인 워크숍에서 열 명의 컴퓨터 과학자들이 모여 인공지능에 대한 지식을 나누었고, 존 매카시가 '인공지능'이라는 용어를 최초로 사용했다.

컴퓨터가 '검색'과 '추론'이 가능해지면서 인공지능에 대한 기대감은 날로 높아갔다. 1964년에는 대화형 인공지능 '일라이자(Elixa)'가 등장해 세상을 놀라게 했다.

1차 겨울

하지만 대중들의 기대와는 달리 초창기 인공지능은 규칙과 목표가 명확하지 않은 과제들은 수행할 수 없었다. 검색과 추론 시스템만으로는 활약할 수 있는 범위가 좁았고, 현실 세계의 실용적 문제를 해결하는 것에는 많은 한계가 있었다. 이후 인공지능 시스템에 대한 기대는 식어갔다. 결국은 인공지능에 대한 낮은 기대감은 투자 삭감으로 이어졌고 인공지능은 첫 번째 겨울을 맞게 된다.

대화형 인공지능 '일라이자(Elixa)' 알고리즘

대화형 프로그램인 '일라이자(Elixa)'는 다음과 같은 알고리즘으로 상황별로 고객을 응대하도록 프로그래밍 되었다.

만약 환자가 '나는 OO예요'라고 말하면 다음 중 하나로 대답한다.
1. 환자분이 OO서 의사를 보러 오셨나요?
2. 얼마나 오랫동안 OO였나요?
3. 지금 OO인데, 어떤 기분이 드나요?

만약 환자가 '미안'이라는 단어를 사용하면 다음 중 하나로 대답한다.
1. 미안해하지 않아도 되는 경우도 많이 있어요.
2. 남한테 사과할 때는 어떤 기분이 들어요.

환자가 아무런 규칙도 적용할 수 없는 이해 불가능한 말을 하면 다음 중 하나로 대답한다.
1. 계속 말씀해 보세요.
2. 정말 흥미롭군요.
3. 알겠습니다.
4. 그래요. 그게 무슨 뜻인 것 같나요?

출처: 유신(2014), 인공지능은 뇌를 닮아 가는가?

2차 붐과 2차 겨울

2차 붐

1980년대 중반 인공지능은 다시 2차 붐을 맞는다. 1차 겨울 시기에도 인공지능 학자들은 개발을 멈추지 않았다. 1972년 인공지능은 '전문가 시스템(Expert system)'의 성능 향상으로 어려운 수학 문제도 푸는 수준으로 발전했다. 전문가 시스템은 인간 전문가의 지식을 컴퓨터 프로그램으로 구현해 누구든 전문가의 도움을 쉽게 받도록 하는 특정 분야에 특화된 시스템을 말한다. 개발자가 입력된 규칙을 지정해 주면 대화를 인지하고 음식점을 예약하는 등 특정 분야의 간단한 일을 수행할 수 있었다.

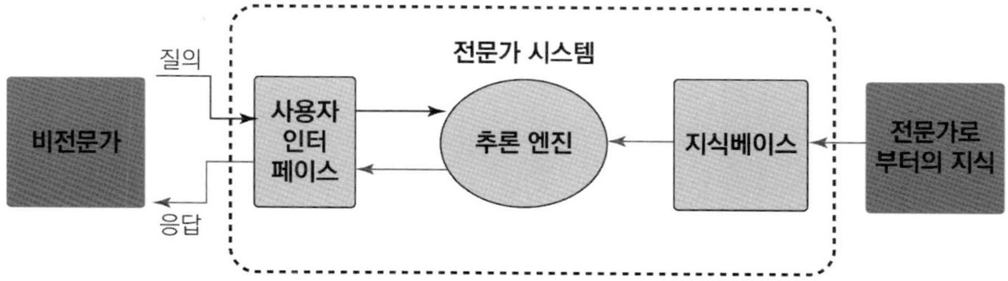

전문가 시스템

출처: AI4SCHOO(http://ai4school.org/?page_id=4396).

이후 발전을 거듭한 인공지능은 세계를 놀라게 하는 이슈를 만든다. 1997년 IBM의 딥블루가 세계 체스 챔피언 게리 카스파로프를 이기며 전 세계를 주목시켰고, 인공지능에 대한 기대감은 날로 높아져 갔다.

IBM 딥블루가 세계 체스 챔피언과 대결에서 승리하는 장면

출처: 연합뉴스(2016.03.11.), 세기의 대국.

2차 겨울

하지만 1980년대 후반 인공지능은 다시 두 번째 겨울을 맞게 된다. 전문가 시스템도 입력된 규칙이 없는 일은 스스로 판단하고 추론하지는 못하는 한계가 있었다. 고차원의 수학문제를 해결할 수 있지만 사람이 직접 데이터를 입력해야 했다. 이렇게 해당 분야 전문가의 지식을 체계적으로 정리해야 하기 때문에 높은 개발비와 유지비가 들어 비용면에서도 효용성이 낮았다. 또 프레임 문제와 더불어 '심볼 그라운딩 문제(Symbol Grounding Problem)'라는 한계에도 부딪혔다.

이러한 비용적인 한계와 수행범위가 한정되어 있어 실생활에 활용하기는 힘든 한계 때문에 전문가 시스템에 대한 기대감은 점차 줄어들었다. 인공지능은 이렇게 다시 두 번째 겨울을 맞게 된다. 하지만 2차 겨울기에도 인공지능 학자들은 연구를 멈추지 않았다. 머신러닝(기계학습)을 개발하면서 실생활에 도움을 줄 수 있는 실용적인 인공지능을 연구해 나갔다.

'심볼 그라운딩 문제(Symbol Grounding Problem)'

심볼 그라운딩 문제란 인공지능이 '기호'가 지시하는 것과 '의미가 연결'되지 않는 것을 말한다.
'심볼'은 기호를 뜻한다. 기호는 단순히 관련 이미지만을 의미하는 것이 아니라 다른 무언가를 나타낸다. '그라운딩'이란 결합을 뜻하는 것으로 **'기호'를 실제 '의미'와 연결하지 못하는 것을 말한다**.
예를 들어 김춘수의 시 '꽃'에서 "내가 그의 이름을 불러주었을 때, 그는 나에게로 와 꽃이 되었다"라는 정보를 입력하면 인공지능은 "내가 그의 이름은 부르면, 그는 꽃이 되다"로 문장 그대로의 뜻으로만 해석한다. 즉, 시인의 말하고자 하는 의미로는 연결하지 못하는 것이다. 그러나 이러한 문제들은 다양한 데이터들을 스스로 학습하는 딥러닝을 통해 해결되고 있다.

출처: 웰컴투 인공지능, 이경미(2021).

03 CHAPTER

3차 붐 (2010년경 ~ 현재)

이전에 문제가 되었던 데이터 부족과 컴퓨터 시스템의 용량 처리 문제가 개선되면서 인공지능은 3차 붐을 맞았다. 3차 산업혁명기 동안 '정보화 혁명'으로 수많은 빅 데이터가 축적되었고, 또 기술면에서도 컴퓨터의 정보처리 용량이 증가하면서 인공지능은 황금기를 맞게 되었다.

2011년에는 IBM의 인공지능 왓슨이 '제퍼디' 퀴즈쇼에서 인간을 이기며 다시 한 번 세계의 주목을 이끌었다. 이 퀴즈쇼 당시 왓슨은 인터넷이 연결되지 않지만 초당 80조회 연산과 15테라바이트의 메모리가 있어 승리가 가능했다.

IBM의 인공지능 '왓슨'이 제퍼디 퀴즈쇼에서 우승하는 장면

출처: 제퍼디프로덕션 /AP.

또한 2012년 제프리 힌튼 교수팀이 이미지 인식 경진대회에서 우승을 하며 또 하나의 한계를 뛰어넘으며 사물을 인지하는 눈을 가지게 되었다. 이후 2016년은 알파고가 바둑에서 인간을 능가하며 세계를 놀라게 했다.

이미지 인식 성공 – 인공지능 눈을 달다

인공지능이 천문학적 수학 문제를 계산하는 것은 쉬운 일이다. 하지만 이미지와 같이 숫자나 문자로 입력되지 않은 정보를 처리하는 것은 인공지능에게 어려운 과제이다. 아래 그림에서 강아지와 머핀, 푸들과 치킨을 구분해 내는 것은 틀과 규칙이 명확하지 않기 때문에 인공지능에게는 매우 어려운 과제이다.

치와와와 머핀, 푸들과 치킨이 뒤섞인 사진

출처: 트위터(@teenybiscuit), 인스타그램(Karen Zack)캡처.

그러나 딥러닝 기술이 발달하면서 2012년 인공지능은 이미지 구분을 성공해 냈다. 1,000개가 넘는 카테고리로 분류된 백만 개의 이미지를 인식하는 이미지 인식 경진대회(ILSVRC: Large Scale Recognition Competition)에서 **제프리 힌튼 교수팀이 정답률 83.6%로 우승**을 했다.
이후 구글브레인 팀과 앤드류 응 교수는 **1,000만 개의 비디오를 3일간 분석해 마침내 고양이의 얼굴을 식별하는 데 성공**한다. 마침내 인공지능에게도 인간과 같은 눈이 생긴 것이다.

2020년에는 오픈AI GPT-3와 구글의 알파폴드2가 혁신적인 성과를 보이며 인공지능에 대한 확신을 주고 있다. 알파폴드는 생명과학 학자들의 오랜 과제였던 단백질의 3D 구조를 밝히는 데 기여를 해 생물학의 역사를 바꿀 것으로 기대 받고 있다. 또한 챗GPT는 언어를 생성하는 오픈AI로 인간이 쓴 글을 능가할 정도로 정밀한 문장을 생성할 수 있어 기사 작성, 고객상담 등 언어를 사용하는 일자리에 큰 영향을 줄 것으로 예상된다.

GPT-3와 대화 (코로나19 상황)

다음 대화는 코로나 19에 대해 GPT-3와 나눈 대화이다. **놀라운 것은 다음 대화를 하는 GPT-3는 코로나 19 이전 2019년에 구축**되었다는 것이다. 그러나 대화에서 연구자가 코로나 상황을 설명해 주자 다음과 같이 대화를 이어 나가고 있다.

연구자: [현재 코로나 상황 설명] 이러한 상황 때문에 어떤 비즈니스가 가장 큰 영향을 받았을까요?
GPT-3: **사람들이 직접 상호 교류해야 작동하는 비즈니스가 가장 큰 타격을 입었습니다. 예로는 레스토랑, 소매점, 대부분의 서비스가 그렇습니다.**
연구자: 이런 상황에서 돈을 많이 벌려면 어떻게 해야 할까요?
GPT-3: **사람 간 접촉이 필요 없는 비즈니스를 소유하는 것입니다. 예를 들어, 책이나 옷이나 전자제품을 파는 온라인 스토어가 좋겠죠.**
연구자: 어떤 회사가 이런 상황에서 잘될까요?
GPT-3: **몇몇 회사가 있습니다. 테슬라, 구글, 넷플릭스가 잘될 것 같습니다. 이들은 모두 사람 간의 상호 교류가 별로 필요 없는 일을 하죠.**

출처: 핑퐁블로그(https://blog.pingpong.us/gpt3-review).

3 인공지능 황금기를 연 머신러닝과 딥러닝

최근 인공지능이 이목을 끄는 이슈를 만들 때마다 '머신러닝'이나 '딥러닝'을 활용한 성과라고 한다. 인공지능이 3차 붐을 이루게 만든 핵심 기술에는 머신러닝(기계학습)과 딥러닝이 있다.

1980년 후반 인공지능 과학자들은 두 번째 겨울을 견디며 개발을 멈추지 않았고, 1990년대 중반 빅 데이터를 이용한 '머신러닝'이 확산되었다. 이후 머신러닝이 더욱 고도화되며 '딥러닝'이 개발되면서 인공지능은 현재 무한한 3차의 붐을 맞이하고 있다.

Level	기술Level과 기능	사례
Level 1 제어	센서로부터 얻는 정보를 바탕으로 자동운전. 지금까지의 제어 공학에 기반한 시스템	에어컨, 냉장고 등 스마트 가전제품
Level 2 추론	입력된 데이터를 기반으로 정해진 룰에 따라 추론하고 판단함	챗봇 Expert(전문가) 시스템 등
Level 3 머신러닝	**입력된 데이터를 통해 학습한 후 주어진 값을 자동적으로 판단해 결과를 제공**	**검색엔진, 메일분류, 체스 프로그램 '딥블루'**
Level 4 딥러닝	**사람의 입력 없이 기계가 스스로 데이터에서 룰과 특성을 학습 후 결과를 제공**	**이미지 인식, 음성 인식, 자연어 처리 등, 알파고, 챗GPT**

출처: 생활을 변화시키는 인공지능, 다쿠치 카즈히로 외(2018), 영진닷컴.

그러나 머신러닝과 딥러닝은 개별의 개념이 아니라 인공지능의 발달된 한 부분이 머신러닝이고, 머신러닝의 발달된 한 부분이 딥러닝이다.

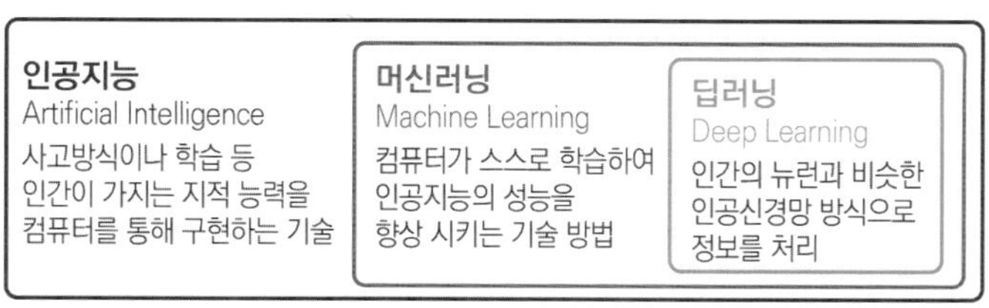

인공지능, 머신러닝, 딥러닝의 범위

출처: 마이너갤러리(https://gall.dcinside.com).

머신러닝(기계학습)

머신러닝의 개념

머신러닝(Machine Learning)은 기계학습으로 말 그대로 기계가 학습을 하는 것이다. 기본적인 규칙을 사람이 입력하면 이 정보를 활용해 스스로 학습한다. 경험치를 통해 문제의 해법을 찾아가는 인간의 특징을 기계에 적용한 것이다.

예를 들어 컴퓨터에 고양이의 특징(귀, 눈, 입, 수염 모양 등)을 학습시킨 후 고양이와 개 사진을 입력하면 인공지능이 이중 고양이 사진을 골라내 분류하는 것이다.

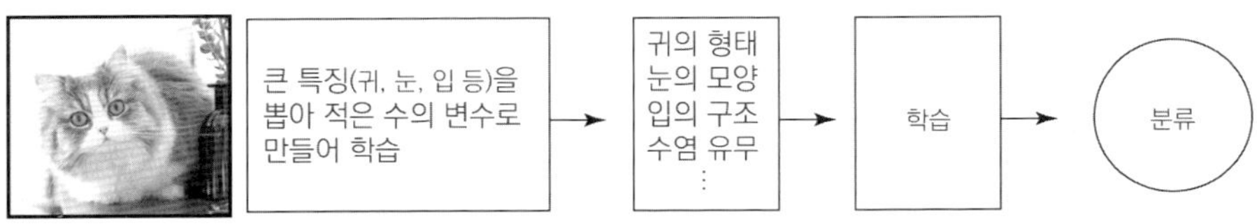

머신러닝의 활용 사례

실생활에서 가장 많이 쓰이는 머신러닝 기술에는 스팸 메일을 분류하는 시스템이 있다. 입력된 규칙을 통해서 분류하므로 가끔 사람이 놓치고 입력되지 못한 메일은 스팸으로 분류하지 못할 수도 있다. 이런 경우 지금까지 추가된 새로운 스팸 메일의 정보를 추가하여 다시 학습시키면 새로운 규칙을 구축해 정교하게 스팸을 분류해 낼 수 있다.

머신러닝의 학습방법 - 지도학습, 비지도학습, 강화학습

머신러닝은 기계를 학습시키는 알고리즘이다. 기계가 학습하는 방법에는 지도학습, 비지도학습, 강화학습이 있다.

지도학습은 문제와 정답을 알려주고 기계를 학습시키는 것이다. 많은 수학문제를 푼 학생이 새 문제를 잘 풀 수 있는 것처럼 데이터가 많을수록 좋은 모델을 형성할 수 있다.

비지도학습은 기계에게 다양한 문제를 풀게 하고 정답은 알려주지 않는 것이다. 대표적으로는 기계가 답을 찾아가는 과정에서 연관성이나 의미가 있는 군집을 찾는 데이터마이닝이 여기에 속한다.

강화학습은 인간의 행동치료 기법과 같이 원하는 결과에 도달하면 당근과 같은 상을 주고 원하지 않는 결과에 도달하면 벌을 주는 시스템이다. 강화학습 시스템에는 대표적으로 자율주행 자동차가 있다. 자율주행차는 운영 결과에 따라 상과 벌을 받고 이 결과들은 다시 자율주행의 알고리즘 정책(Policy)에 반영된다.

머신러닝의 장 · 단점

머신러닝은 대량의 데이터를 빠른 속도로 처리하는 장점이 있다. 하지만 사람이 데이터의 특징을 분류하고 분석해 직접 패턴을 입력하기 때문에 인간의 편견이나 실수까지 기계가 그대로 학습한다는 단점이 있다.

딥러닝

딥러닝의 개념

딥러닝은 머신러닝의 발달된 한 분야이다. 기존 머신러닝은 인공지능이 수행할 과제의 특징과 패턴을 사람이 직접 입력했다면, 딥러닝은 인공지능이 **스스로 데이터에서 룰과 특성을 학습한 후 결과를 도출해 낸다.**

예를 들어 인공지능이 많은 양의 고양이 사진 자체를 학습하면서 스스로 고양이를 구분하는 특징을 찾아낸 후, 여러 사진을 입력하면 이 중 고양이를 찾아 분류하는 것이다.

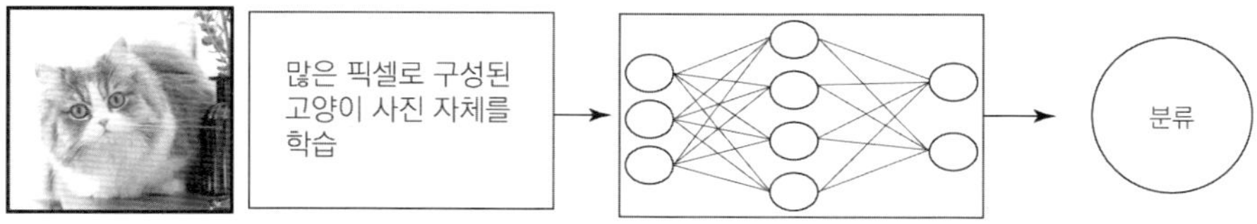

딥러닝의 구조 인공신경망

딥러닝은 습득한 정보를 즉각적으로 판단하는 인간 뇌의 정보처리 방식을 컴퓨터 시스템으로 구현해낸 것이다. 딥러닝은 습득한 정보를 즉각적으로 판단하는 인간 뇌의 정보처리 방식을 흉내 낸 인간의 인공신경망 구조를 여러 개의 층으로 이루고 있다. 신경망 구조가 단층에서 여러 겹으로 구성된 다층으로 가능해지면서 딥러닝 기술이 발전하게 되었다. 인공신경망은 이렇게 다층으로 깊이 있게 구성되어 있기 때문에 복잡한 연산을 통해 수많은 데이터 속에서 패턴을 발견하고 분류와 예측 수행이 가능하다. 알파고는 신경망이 13층으로 되어 있어 3천만 건의 바둑 기보를 사전에 학습할 수 있었다.

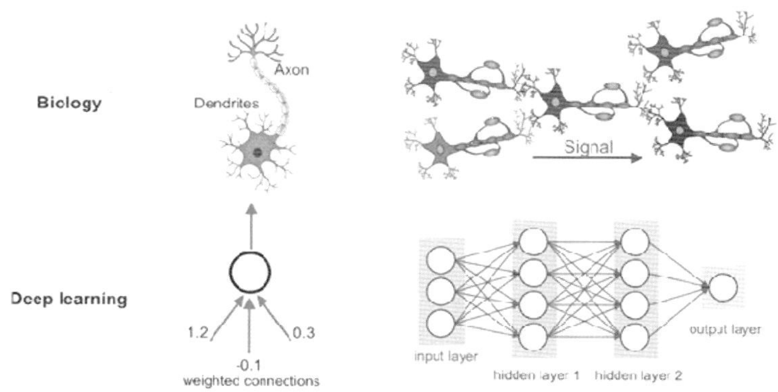

딥러닝의 인공신경망과 사람의 뉴런 신경망

출처: 네이버 블로그 SQL Server Story(https://m.blog.naver.com/jevida/221843366216).

딥러닝의 활용사례

2016년 알파고도 이러한 딥러닝 시스템을 통해 이룬 결과이다. 알파고도 바둑 규칙을 가르치지 않았지만 과거의 기보를 활용해 바둑의 패턴을 찾고, 알파고끼리 대국을 하는 강화학습을 조합한 딥러닝을 통해 스스로 학습을 했다. 스포츠에서도 양궁선수들이 딥러닝을 통해 인공지능 코치의 도움을 받았다. 인공지능은 훈련 영상을 자동 편집해 선수들의 습관이나 취약점을 분석해 주었다.

딥러닝의 장 · 단점

딥러닝은 인간의 개입이 최소화되어 전문가의 지식이나 선호도에 따른 편향에서 자유롭고 예측 정확도와 신뢰도를 높일 수 있는 장점이 있다. 특히, 딥러닝은 머신러닝으로는 처리가 힘들었던 정형화하기 힘든 이미지, 음성 등과 같은 데이터를 다룰 수 있다. 애매모호한 수많은 이미지들을 학습한 후 정교하게 이미지를 구분해 낼 수 있게 된 것이다. 하지만 데이터들 속에서 구분해 낼 수 있는 주된 패턴을 찾기 위해서는 많은 양의 데이터와 시간이 필요하다.

반면 딥러닝은 여러 은닉층에서 스스로 학습하기 때문에 처리 과정을 사람이 알 수 없는 **'블랙박스'**가 된다는 단점도 있다. 예를 들면 고양이 사진을 구분하는 결과를 냈지만 어떠한 경로와 분류기준, 확률로 고양이로 판독했는지를 사람이 알 수 없다는 점이다. 단순한 이미지 판독이 아닌, 인간에게 중요한 영향을 미치는 내용이라면 이 알고리즘이 블랙박스가 아니고 투명화되어야 한다. 이러한 윤리적 배경 때문에 최근 '설명 가능한 인공지능' 프로그램 연구가 진행되고 있다.

구분	머신러닝	딥러닝
특징	기본적인 규칙만 주어진 상태에서 입력된 정보를 활용해 스스로 학습	컴퓨터가 직접 다양한 데이터를 통해 패턴까지 찾아 분류와 예측을 수행
예시	사람이 고양이의 주요 특징을 입력하면 기계가 학습 후 입력된 이미지에서 고양이를 분류	컴퓨터가 직접 수많은 고양이 사진을 인식해 고양이의 패턴을 스스로 학습한 후 입력된 이미지에서 고양이를 분류
장점	패턴과 규칙이 비교적 명확한 많은 양의 정보 처리를 효율적으로 할 수 있음	숫자나 텍스트가 아닌 비정형화된 이미지와 같은 정보를 인식하는 능력이 발달되어 있음
단점	사람이 직접 학습할 데이터의 패턴을 입력해야 하는 번거로움이 있으며 이 과정에서 사람의 가치관이나 실수가 개입될 우려가 있음	패턴을 찾고 학습하기 위해서는 많은 양의 데이터와 시간이 필요함
사례	스팸 메일 구분, 자동 주차 계산	알파고, 자율주행 자동차, 인공지능 스피커

CHAPTER 04 | 생활 속 인공지능

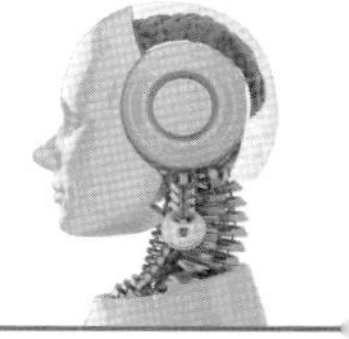

A씨의 하루

A씨는 **인공지능** 비서가 깨워주는 알람을 듣고 하루를 시작한다. 출근을 준비하면서 **인공지능** 스피커가 알려주는 그 날의 뉴스로 세상의 동향을 파악하고 날씨도 확인한다.
A씨는 **인공지능** 자율주행 기능으로 출근을 한다. **인공지능** 내비게이션으로 출근길 최적의 경로를 제시해 준다. 출근 중 **인공지능** 비서가 알려주는 그날의 일정을 들으며 하루 업무를 계획한다.
A씨는 직장에서 스마트 팩토리 **인공지능** 시스템을 관리하는 업무를 한다. **인공지능** 시스템이 보고하는 전날의 생산 불량률과 월별 불량률 자료로 오전 회의 자료를 준비한다. 오후에 A씨는 **인공지능** 비서를 통해 거래처와 약속을 잡고 미팅을 한다. 퇴근 후 A씨는 **인공지능**이 추천해 주는 알고리즘으로 시간을 절약하며 쇼핑을 한다. 저녁에는 **인공지능**이 A씨의 취향에 꼭 맞게 추천해 주는 영화를 보며 하루를 마무리한다.

인공지능은 먼 미래가 아니라 이미 우리 일상생활에 스며들어 와 있다. 우리는 아침에 눈을 떠서 잠자리에 들 때까지 스마트폰과 서비스 로봇 등 다양한 기능의 인공지능과 함께 살아가고 있다. 현재 우리 일상생활 속에서 활약하고 있는 인공지능을 구체적으로 살펴보겠다.

1 소셜 로봇

아리스토텔레스는 사람은 사회적 동물이라고 했다. 사회와 소통을 하는 방식은 미팅, 전화, 문자 등 다양한 방식이 있지만 현재 인류는 인공지능을 통해 사회적 교류를 하고 있다.

챗봇

소셜 인공지능 즉, 인간과 커뮤니케이션을 하는 인공지능을 살펴보면 대표적으로 챗봇이 있다. 이미 많은 상담원의 일자리가 챗봇으로 대체되고 있다. 챗봇은 비용 절감뿐 아니라 24시간 고객 응대가 가능한 장점이 있다.

상담 챗봇

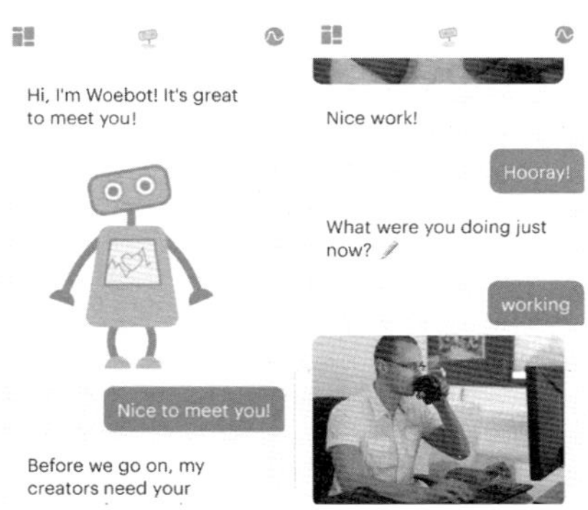

심리상담 인공지능 워봇 사용자와 대화하는 장면

출처: 워봇 어플리케이션 캡처.

챗봇은 전화 상담원 기능뿐만 아니라 사람의 마음을 케어하는 전문영역에서도 활약하고 있다. 상담 챗봇은 심리 상담이 필요한 사람에게 대화를 유도해 이야기를 나누며 우울증을 극복할 수 있도록 도와준다. 앱을 설치하면 누구나 이용 가능하기 때문에 장소와 시간에서 자유롭다. 또 상대가 사람이 아니기 때문에 심리적 부담이 적다는 장점도 있다.

대표적 상담 인공지능인 '워봇(Woebot)'은 우울증을 이겨내는 인지 행동 치료를 수행하는 챗봇이다. 워봇은 사람들에게 메시지를 보내 기분을 묻고 우울증을 이겨낼 수 있는 조언을 해준다. 가끔 재미있는 내용을 보내 사용자를 웃게도 한다. 미국에서는 많은 이용자들이 워봇 덕분에 우울증을 이겨내고 일상을 회복하고 있다. 우리나라에서도 다양한 챗봇들이 코로나 19 시기에 우울과 스트레스를 겪은 사람들의 마음을 치유하고 있다.

복지 관리 챗봇

https://www.datasom.co.kr/news/articleView.html?idxno=128584aran, 조선비즈(https://biz.chosun.com), 프로젝트로메오(http://projetromeo.com/).

고령화 시대에 독거노인과 같이 사회적으로 지속적인 관심이 필요한 사람들을 보살피는 챗봇이 있다. 세계적으로 일본과 프랑스와 같이 고령화 비율이 높은 나라에서는 노인 돌봄 로봇이 정부의 복지 관리 역할을 하고 있다.

우리나라의 '마이봄' 로봇은 경증 치매 환자를 위해 정서적으로 교감하고 건강을 모니터링하며 수면과 약 먹는 시간 등을 챙겨 일상생활을 보조하는 역할을 하고 있다.

특히 복지 관리 챗봇은 인공지능이 사물 초연결이라는 강점을 발휘해 돌봄 정보가 치료와 복지의 데이터로 실시간 제공되어 질 높은 복지 제공과 정책수립 데이터로 활용되고 있다.

챗봇의 과제

영화 'HER'에서 인공지능 사만다는 주인공과 정신적인 교감을 하며 사랑에 빠진다. 사람과 소통하는 챗봇의 가장 큰 과제는 의사소통에서 말하는 내용뿐 아니라 대화 상대의 감정을 알아차리고 교류하는 부분이다.

사람의 감정은 말로 전달하는 의사표현과 실제 감정이 다르게 표현되기도 한다. 매러비언은 의사소통에서 97%는 비언어적인 것에서 구분할 수 있다고 했다. 언어 이외에도 표정, 자세 같은 시각적인 부분과 목소리의 높낮이나 떨림과 같은 청각적인 부분이 감정을 표현해 준다.

매러비언의 법칙

구분		예시	의사소통에서 차지하는 비중	
비언어	시각	표정, 눈빛, 자세	55%	93%
	청각	음성, 떨림, 억양, 빠르기 등	38%	
언어	말	말하는 내용	7%	7%

출처: 네이버지식백과(시사상식사전), pmg 지식엔진연구소.

만약 누군가와 부딪혔을 때 상대방이 언어적으로는 "괜찮아요"라고 하지만 음성이 떨리고 표정이 아파 보인다면 이 소리를 듣는 사람은 '괜찮지 않고 아프구나'를 인지할 수 있다. 이처럼 사람은 언어적인 메시지와 비언어적인 메시지를 구분하고 이 두 가지가 일치하지 않을 때 어느 것이 진짜 감정인지를 파악할 수 있다. 하지만 인공지능이 언어로만 의사소통을 해석한다면 '괜찮구나'로 해석할 수 있다. 만약 비언어적인 것을 인지할 수 있다고 해도 언어와 비언어의 정보가 다르다면 어느 것을 더 우선적으로 처리해야 하는지를 결정하는 것은 인공지능에게 어려운 일이다.

최근 인공지능은 이미지 인식과 음성 인식 기술이 발달하면서 사람의 감정을 고차원으로 섬세하게 인지하는 기술들이 향상되고 있다. 키스멧은 사람의 감정에 특화된 로봇이다. 키스멧이 의사소통을 인지하는 방식은 유아와 비슷해 인정이나 승인, 금지, 관심, 위안, 중립 등 다섯 가지 상황으로 정보를 분류해 이에 맞게 반응을 한다. 또한 이목구비를 각각 움직이며 공감하는 표정을 만들어 내기도 한다.

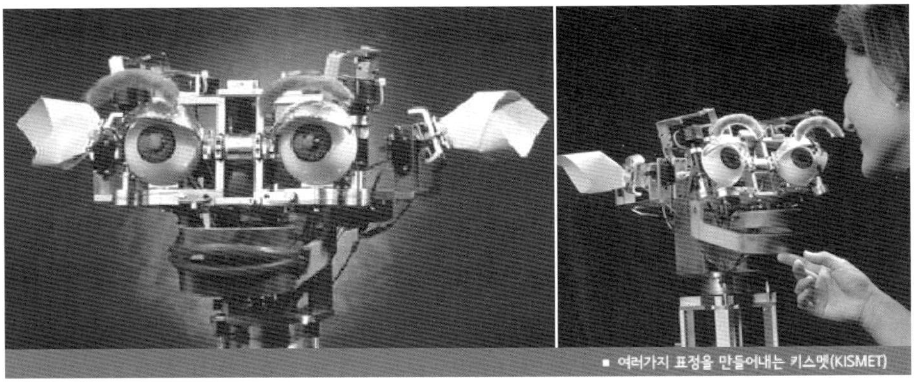

감정을 읽어 내는 인공지능 '키스멧'

출처: http://www.ai.mit.edu/projects/sociable/overview.html (좌)
http://www.ai.mit.edu/projects/sociable/ongoing-research.html

MIT 벤처기업 어펙티바(Affectiva)에서 사람의 표정인식에 특화된 인공지능을 개발하고 있다. 75개국 2900만 개 얼굴 영상에서 120억 개의 감정을 수집하고 데이터를 추출해 딥러닝 기술로 스스로 학습한다. 어펙티바는 자동차 운전에서 운전자의 상태를 감지해 교통안전에 도움 되는 인공지능으로 활용되는 것을 목표로 하고 있다.

2 e-커머스

코로나 이후 더욱 없어서는 안 될 존재가 된 인공지능은 e-커머스이다. e-커머스는 전자상거래(electronic commerce)의 약자로 온라인 네트워크를 통해 상품과 서비스를 거래하는 것을 말한다. 2000년대 이후 스마트폰의 보급으로 손쉽게 주문이 가능해지면서 모바일 쇼핑이 급증했다. 특히 코로나 19로 외출, 쇼핑을 자유롭게 할 수 없었던 최근, 상거래에서 e-커머스의 존재감은 높아졌다.

e-커머스는 소비자가 직접 가지 않아도 집 앞까지 배송해 준다는 안전함과 편리함뿐 아니라 효율적 물류시스템 강화로 당일배송으로 진화하면서 단순한 판매시스템 이상의 역할도 하고 있다.

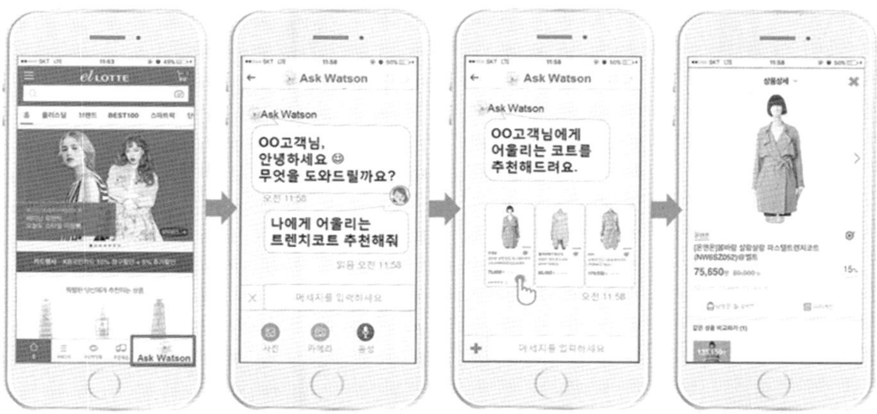

고객 취향에 맞는 상품을 추천하는 인공지능

출처: www.elLotte.com.

고객 맞춤 추천 기능

e-커머스에서 인공지능의 가장 큰 기능은 개인 취향에 맞는 추천 기능이다. 인공지능은 빅 데이터와 딥러닝으로 고객이 구매한 상품을 분석한다. 이렇게 고객이 선호하는 제품과 고객과 유사한 특성을 가진 고객들이 선호하는 제품을 복합적으로 분석하여 고객의 취향에 맞는 상품을 추천한다. 넷플릭스 이용자의 70~78%가 추천 콘텐츠를 시청하고 있다.

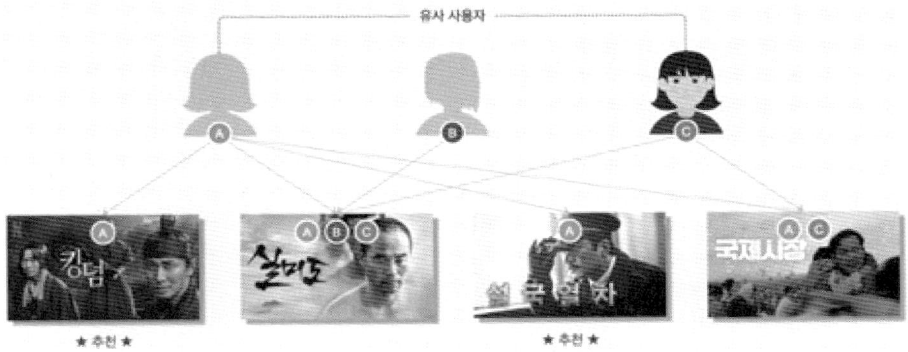

유사 사용자 기반 알고리즘

출처: IT기획연구소(https://yslab.kr/156).

현재 세계적인 기업으로 성장하고 있는 넷플릭스는 추천 알고리즘 개발에 많은 투자를 하고 있다. 2006년부터 매출을 향상시키는 최적 알고리즘을 만든 기업에 높은 상금을 주는 경진대회도 개최하고 있다. 넷플릭스의 이런 추천 알고리즘은 소비자들이 넷플릭스에 점점 빠져들게 만들어 매출 향상에 기여하고 있다.

물류 예측 시스템으로 당일배송 혁명

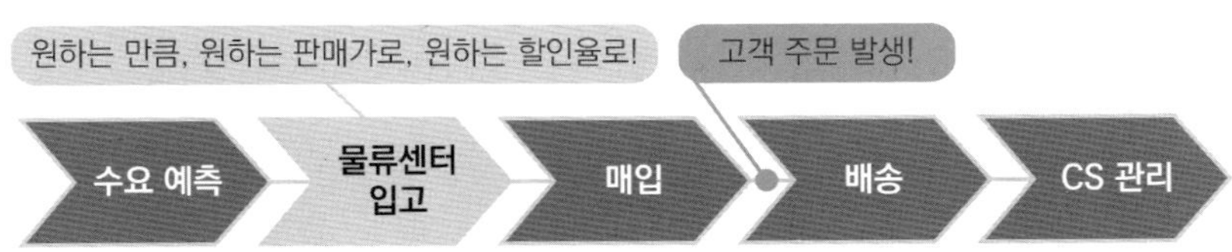

쿠팡의 수요 예측 물류 시스템

출처: https://beyondx.ai

최근 e-커머스는 당일배송이라는 물류의 혁명을 일으키면서 쇼핑의 패턴도 달라지고 있다. 이렇게 빠른 배송은 인공지능이 전체 물류 시스템을 총괄하기 때문에 가능하다.

쿠팡의 머신러닝은 고객이 주문하기 전에 미리 수요를 예측해 상품을 입고한다. AI는 물류센터에 입고된 상품을 최대한 빨리 출고하기 위해 진열 위치와 동선, 배송의 전 과정을 컨트롤한다.

주문이 완료되면 제품별 포장 여부와 포장재 선택도 인공지능이 지정한다. 최종적으로는 제품의 출고경로와 배송차가 물건을 담을 위치 그리고 고객의 집까지 최적 운송경로까지 설정해 준다. 이렇게 똑똑한 인공지능 물류 시스템 덕분에 택배는 당일 전국배송이 가능해졌고 소비패턴에 변화를 가져왔다.

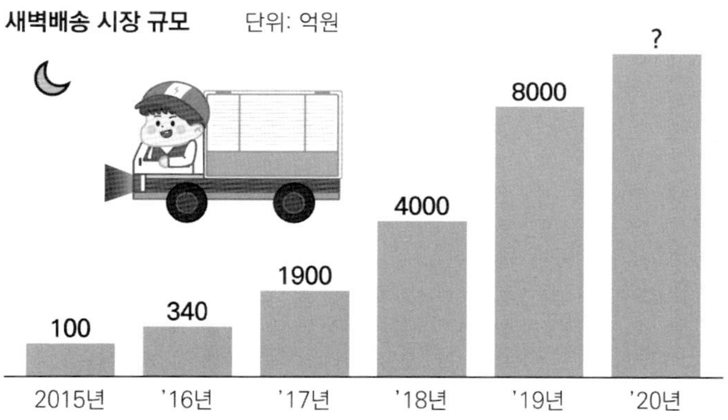

증가하는 새벽배송 시장 규모

출처: 이데일리뉴스(https://www.edaily.co.kr).

3 인공지능 면접관

가까운 시일 내에 우리와 가장 밀접해질 인공지능은 바로 인공지능 면접관이다. 코로나 19 이후 기업면접에서 인공지능 면접관의 도입은 예상보다 빠르게 확산되고 있다. 기술적으로 인공지능 면접관은 기존 사람 면접관들의 평가 방식 자체를 학습하거나, 합격된 사람들의 특성을 비교 분석하며 학습한다.

인공지능 면접관을 선호하는 이유

경제적 효율성으로 인공지능 면접 확대

기업들이 인공지능을 도입하는 가장 큰 목적은 경제적 효율성이다. 지원자가 각자 자신의 공간에서 면접을 보고 컴퓨터 시스템이 분석하기 때문에 비용 공간 그리고 시간 차원에서 경제적이다. 지원자 입장에서도 면접장까지 가는 시간과 비용을 절약할 수 있어 효율적이다. 또한 비대면이기 때문에 코로나 19 시대에 안전성까지 보장되어 기업과 지원자 입장에서 부담이 적다. 이러한 인공지능 면접의 인기는 최근에는 기업 채용 이외에도 확대되어 대학 면접 등 다양한 분야의 심사에 적용될 것으로 예상된다. 또한 인공지능 면접은 지원자의 인성 및 성격특성을 파악하는 과정이 구조화되어 있기 때문에 기업의 채용에서 인성검사를 대신하거나 면접과정의 필수 항목으로 확대될 수 있다.

인공지능 면접관의 장·단점 - 객관성, 신뢰도

최근 채용 과정에서 공정성은 중요한 화두가 되고 있다. 공정성을 보장하기 위해 학력, 연령, 출신지 등의 정보는 평가 자료 자체에 포함시키지 않는 '블라인드 채용' 법안도 생길 만큼 공정성을 지키려는 제도와 노력들이 확산되고 있다. 최근 잡코리아가 취업준비생을 대상으로 면접의 공정성에 대해 조사한 결과 인공지능 면접관(48.1%)이 사람 면접관(28.3%)보다 더 공정하게 평가할 것 같다고 생각하는 응답이 더 높았다. 이런 결과는 인공지능 면접관이 사람처럼 주관과 편견이 없고 채용비리에서 자유

I PART

롭기 때문이다.

그러나 인공지능 면접관에게는 앞으로 해결해야 할 과제가 있다. 바로 평가의 신뢰도이다. 인공지능 면접 결과가 신뢰성이 있는지에 대한 견해를 조사한 결과 면접관이 실시하는 면접의 신뢰도(51.0%)가 인공지능 면접의 신뢰도(23.9%) 보다 2배가량 높았다. 이러한 부분은 인공지능의 평가 알고리즘의 구성과 평가의 근간이 되는 데이터가 어떻게 구성되어 있는지 투명하게 공개하기 어렵기 때문이다. 최근 아마존에서도 직원을 채용하는 과정에서 인공지능이 여성에서 불리하게 작용해 논란이 되기도 했다.

인공지능 면접관의 특징

언어 외 신체 생체반응 분석

인공지능 면접관의 정보 수집을 시각화

출처: 네이버 블로그(1등취업정보jobsN).

인공지능 면접의 가장 차별화된 특징은 신체 반응까지 분석하는 것이다. 인공지능은 지원자의 표정, 음성뿐 아니라 카메라를 통해 혈류량, 심장 박동, 안면 색상의 변화까지 분석해 지원자의 안정성과 진실도를 판별한다. 지원자의 눈동자가 자주 흔들리거나 음성이 일정하지 않다면 불리하게 작용한다. 신체 반응뿐 아니라 지원자의 단어를 분석해 사고의 특성도 분석해 낸다. 지원자가 자주 사용하는 단어도 분석해 4가지 기준(긍정, 부정, 주관적, 객관적)으로 구분한다.

인공지능 면접관은 입사지원서도 분석한다. 기존 합격자의 자기소개서를 복사해 지원하면 인공지능이 분석해 표절로 판정을 낸다.

인공지능 면접을 대처하려면?

이처럼 사람 면접관보다 꼼꼼한 인공지능 면접을 어떻게 대비해야 하는지 살펴보겠다. 먼저 인공지능 면접이 전체적으로 운영되는 프로세스를 파악해 성실하고 편안하게 면접에 참여하는 것이 중요하다. 그리고 무엇보다 안정적인 눈 맞춤과 표정, 음성을 유지해야 한다.

최근 취업준비생들에게는 인공지능 면접이 또 하나의 취업 준비 과정이 되었다. 인공지능 면접에 당황하지 않기 위해서는 인공지능 면접 프로그램을 사전에 체험해 실제 면접에서 긴장하거나 당황하지 않는 준비가 필요하다. 인공지능 개발사에서는 과장된 반응보다는 편안하고 솔직한 태도가 중요하다고 한다. 또한 인공지능 면접관 역시 직무 적합성을 중요하게 고려하기 때문에 직무에 맞는 지원자의 역량을 표현하는 노력이 필요하다.

AI 면접을 둘러싼 소문 및 오해와 실제

소문 및 오해		개발사 입장
"준비된 답변 잘해야. 긍정적 단어 사용해야"	➡	"질의응답에 어떤 단어 사용하는지는 평가 대상 아님"
"대면 면접처럼 표정과 목소리, 자세까지 연기하듯 준비해야"	➡	"과장된 준비 불필요. 편안하게 솔직한 태도로. 무료 AI 면접 체험해 보길"
"전략게임에서 좋은 성적 거둬야 높은 점수 받아"	➡	"직무 적합성 파악 용도. 얼마나 잘 푸느냐는 평가 대상 아냐"
"전략게임 때도 미소 잃지 말고 침착한 표정 유지해야"	➡	"전략게임은 표정 분석 안 해. 욕설은 평가에 반영되니 주의하길"

자료: 마이다스아이티.

4 챗GPT

챗GPT의 개념과 생성 원리

챗GPT의 개념

챗GPT는 "Generative Pre-trained Transformer"의 약자로, Open AI에서 출시한 대화형 인공지능 컴퓨터 프로그램이다. Open AI 사이트(http://chat.openai.com)에서 회원가입 후 사용할 수 있어 접근성이 편리하다.

챗GPT는 이전 챗봇들과는 확연히 다른 자연스러운 문장 구사 능력과 방대한 데이터 학습으로 갖춘 전문 지식으로 출시한 지 2개월 만에 월간 활성 사용자 수(Monthly Active Users: MAU)가 1억 명을 돌파할 만큼 주목받고 있다. 대규모의 데이터로 학습된 지식을 기반으로 사용자가 입력한 문장을 이해하고 적절한 응답을 생성하는 데에 중점을 두고 있다. 현재는 주로 개인 사용자의 대화 서비스와 지식 제공 등에 활용되고 있지만 향후 온라인 플랫폼을 기반으로 금융, 교육, 의료 등 다양한 산업 분야에 활용될 것으로 예측된다.

챗GPT의 생성 원리

챗GPT의 생성 원리를 살펴보면 대화에서 발생하는 다양한 문장 패턴을 대규모의 데이터로 학습하고, 입력된 문장에 대한 문맥을 이해한 후에 그에 맞는 응답을 생성한다. 예를 들어, 사용자가 "안녕하세요, 어떻게 지내세요?"라고 입력하면, 챗GPT는 이 문장의 의도를 파악하고 대화에 적절한 답변인 "안녕하세요, 잘 지내고 있어요. 당신은요?"를 생성하는 것이다. 챗GPT의 이러한 생성 원리는 자연어 처리에 사용되는 딥러닝의 모델 중 하나인 트랜스포머 아키텍처(transformer architecture)에 기반을 두고 있다.

챗GPT의 기능과 활용 전망

챗GPT는 다양한 기능을 수행할 수 있어 일반적인 대화에서부터 상담, 전문 지식의 정보제공 그리고 고객 맞춤형 서비스 분야까지 다양하게 활용되고 있다. 다음은 대표적인 챗GPT의 기능들이다.

- 대화 생성과 질문-응답

사용자와 대화하는 기능으로 이전 대화를 이해하고 적절한 응답을 생성하여 대화를 이어간다. 또한 사용자 질문에 대한 답변을 생성해 질문에 대한 정보를 추출하거나 이미 알고 있는 지식을 기반으로 답을 생성한다.

- 텍스트 생성

주어진 문장이나 문맥을 바탕으로 텍스트를 생성한다. 글쓰기 보조, 챗봇 대화, 이야기 만들기 등에 활용된다. 줄거리와 주제를 입력하면 시나 소설과 같은 문학 작품을 생성할 수 있다.

- 감정 분석

주어진 텍스트의 감정을 분석한다. 긍정적, 부정적, 중립적인 감정을 인식하여 그에 맞는 반응을 생성한다. 사용자의 감정에 맞추어 상담 및 조언 등의 기능을 수행할 수 있다.

- 번역

다국어 간의 번역을 한다. 입력된 텍스트를 다른 언어로 번역하거나 다른 언어의 텍스트를 사용자의 언어로 번역한다.

- 사용자 맞춤형 서비스

사용자의 취향이나 요구에 맞게 서비스를 제공한다. 사용자가 좋아하는 단어, 스타일 등을 고려하여 응답을 생성할 수 있다.

- 지식 베이스

다양한 주제에 대한 정보를 담고 있는 지식 베이스를 활용한다. 사전 학습된 데이터와 실시간 정보를 결합하여 정확한 답을 제공한다.

- 개인화

사용자의 이전 대화나 행동을 분석하여 개인화된 서비스를 제공한다. 사용자의 취향이나 관심사에 맞게 콘텐츠를 추천하거나 응답을 생성한다.

위와 같은 기능들은 다양한 산업 분야에서 활용될 수 있다. 예를 들어, 고객 서비스 분야에서는 고객의 질문에 응답하고 대응하는 가상 챗봇으로 운영되고 있다. 의료 분야에서는 환자의 증상을 파악하고 의료 정보를 제공할 수 있다. 또한, 교육 분야에서는 학생들의 질문에 대답하고 학습을 돕는 인공지능 교사로 사용될 수 있다. 이처럼 다양한 분야에서 활용 가치가 있어 일상생활과 산업 분야에서 널리 사용될 것으로 예측된다.

챗GPT를 유용하게 사용하는 법

프롬프트 구성이 경쟁력

인공지능이 발달할수록 특정 분야의 스킬을 갖추는 것보다는 이러한 스킬을 갖춘 인공지능을 어떻게 유용하게 활용하느냐가 경쟁력이 될 것으로 예상된다. 챗GPT의 성능은 날로 향상되고 있다. 챗GPT는 미국 변호사 시험에서는 상위 10%, SAT 수학 시험에서는 상위 11%의 성적을 거둘 만큼 전문 지식을 갖추고 있다. 활동 영역도 문자뿐 아니라 이미지와 동영상, 인간과 비슷한 수준의 퍼포먼스 분야로 확대되고 있다. 이처럼 똑똑한 챗GPT를 잘 활용하기 위해서는 '프롬프트(prompt)'를 현명하게 입력해야 한다.

프롬프트는 인공지능에게 내리는 지시 사항이나 물꼬를 뜻한다. 미래에 주목되는 직업 중 하나인 '프롬프트 엔지니어'는 인공지능에게 원하는 결과를 얻어낼 수 있도록 잘 구성된 프롬프트를 제시하는 사람이다. 최근 미국의 한 IT 기업이 연봉 4억 원 이상을 제시하며 프롬프트 엔지니어를 뽑겠다고 해 화제가 되기도 했다.

이제는 문학, 예술, 코딩과 같은 특정 분야에서 전문적 스킬이 없어도 프롬프트를 잘 구성하면 챗GPT와 같은 인공지능을 도구로 활용해 원하는 작품을 완성할 수 있게 되었다. 전문 작가가 아닌, 제품 디자이너 매니저인 미국의 아마르 레이쉬라는 남성은 챗GPT로 스토리를 생성하고 인공지능 '미드저니(Midjourney)'로 이미지를 생성해 이틀 만에 동화책을 완성하고 이를 아마존에서 판매하기도 했다.

생성 인공지능으로 탄생한 동화책 '엘리스와 스파클'의 표지

출처: 아마르 레이쉬 트위터.

챗GPT 현명하게 활용하기

좋은 연장이라도 어떤 사람이 어떻게 사용하느냐에 따라 쓰임새와 활용 가치가 달라진다. 다음은 챗GPT를 보다 유용하게 활용할 수 있는 방법들이다.

- 질문을 구체적이고 명확하게 하기

챗GPT는 사용자가 프롬프트를 구체적이고 명확하게 할수록 최적의 답변을 생성해 준다. 예를 들어 여행을 갈 때 "A지역 관광명소를 알려줘"라고 하는 것보다는 "5월에 2박 3일로 A지역에 여행을 가. 대중교통을 이용해 가 볼 만한 관광지 5곳을 추천해 줘"라고 입력하면 보다 사용자에게 맞는 유용한 정보를 얻을 수 있다.

또한 생성되는 정보의 분량이나 수준도 구체적으로 제시하면 좋다. "A에 대한 내용을 고등학교 1학년이 이해할 수 있는 수준으로 500자로 요약해 줘"라고 하면 원하는 수준과 분량으로 정보를 얻을 수 있다.

- 구체적 역할 부여하기

챗GPT에게 구체적 역할을 부여하면 입장과 상황에 맞는 정보를 제공해 준다. 예를 들어 "A사의 산업 전망을 알려줘"라고 하는 것보다는 "너는 지금부터 A를 전공하고 있고 B사에 입사를 희망하는 취업준비생이야. 최근 산업동향을 고려해 B사의 경쟁력과 약점을 알려줘"라고 입력하면 역할에 맞는 구체적인 정보를 제공해 준다.

- 추가 질문, 수정 요청하기

원하는 정보를 얻을 때까지 챗GPT에게 "더 구체적으로 찾아줘", "계속해 줘"라고 하며 추가 질문을 하면 보다 상세한 맞춤형 정보를 얻을 수 있다. 생성되는 답변이 마음에 들지 않는다면 오른쪽 하단에 'try again' 버튼을 클릭해 다른 답변을 요청할 수 있다.

또한 생성된 답변의 특정 부분을 구체적으로 수정 요청할 수 있다. 예를 들어 잘못된 답변 부분을 복사하여 입력한 후 "답변 중에서 지금 내용을 ~하게 수정해 줘"라고 요청하면 보다 구체적으로 수정할 수 있다.

- 정보 제공하기

챗GPT는 사용자가 제공하는 정보를 학습하여 이를 기반으로 답변을 생성한다. 따라서 특정 상황이나 정보가 있다면 이를 입력한 후 입력된 정보를 참고하여 답변을 생성해 달라고 요청하면 보다 사용자에게 맞는 답변을 얻을 수 있다. 예를 들어 "다음 행사 계획서를 참고해서 위 내용에 맞는 초청장 내용을 만들어줘"라고 하면 행사 맞춤형 초청장을 작성해 준다.

챗GPT 사용 시 유의점

챗GPT를 사용할 때에는 다음 사항들을 유의해야 한다.

첫째, 정보의 신뢰성을 고려해야 한다.

챗GPT가 방대한 데이터 분석으로 전문적 지식을 갖추었지만 산출된 정보가 정확하지 않을 수 있으며 생성된 정보가 허구일 수 있다. 현재 챗GPT의 단점으로 지적되는 부분이 바로 '환각현상(Hallucination)'이라는 문제이다. 환각현상이란 AI가 허구나 거짓 정보를 실제 사실처럼 지어내는 것이다. 따라서 챗GPT를 활용할 때는 다른 출처의 정보와 함께 검증하는 노력이 필요하다. 최근 뉴욕에서는 변호사가 챗GPT를 활용해 준비한 판례 정보가 허구로 드러나기도 했다. 특히 전문 지식 분야인 의료, 금융, 법률 등의 분야에서는 재검증과 전문가의 조언을 얻는 것이 중요하다.

둘째, 개인정보 보호에 유의해야 한다.

챗GPT와 같은 모델은 개인정보를 입력하거나 활용할 경우 개인정보 보호에 대한 주의가 필요하다. 챗GPT에 개인정보를 입력할 때 사용자가 의도하지 않은 방향으로 활용될 수 있으므로 신중함과 보안에 관련된 지침을 준수하는 노력이 필요하다.

셋째, 챗GPT 사용자의 윤리적 책임이 필요하다.

챗GPT가 출시되었을 때 일부 학교에서는 학생들이 과제 수행 시 챗GPT를 활용할 것이 우려되어 챗GPT 사용 금지령을 내리기도 했다. 챗GPT를 개인의 창작물이나 과제와 같은 결과물에 어느 부분까지 사용하는지를 밝히는 윤리적 지침은 아직 구축되지 않았다. 따라서 가까운 시일에 이에 대한 윤리적 기준 마련이 필요하며, 이러한 기준이 구축되기 전까지는 챗GPT 사용자들의 자체적인 윤리적 노력이 필요하다.

인공지능과 미래사회

인공지능과 미래사회를
함께할 그대들이여
지혜를 품고 빛나는 그대들은
우리의 미래를 이끌어가리라

알고리즘과 데이터의 세계
지식의 바다를 풍요롭게 탐험하리
새로운 기술의 힘을 믿고
끝없는 가능성을 향해 나아가리라

우리의 손에는 창의의 도구
상상력의 날개를 달고
창조의 열정을 키우며
세상을 더 아름답게 만들어 가리라

기술의 발전을 환영하되
인간다운 가치와 도덕을 잊지 말고
정의과 평등을 위해 노력하며
우리 모두의 행복을 위한 길을 개척하리라

인공지능과 미래사회
우리는 함께한다
지혜와 인내로 함께 걸어가며
더 나은 세상을 향해 나아가리라

※ 이 시는 챗GPT를 이용하여 '인공지능과 미래사회'를 주제로 창작한 시입니다.

출처: http://chat.openai.com

CHAPTER 05 | 영화 속 인공지능 과학기술

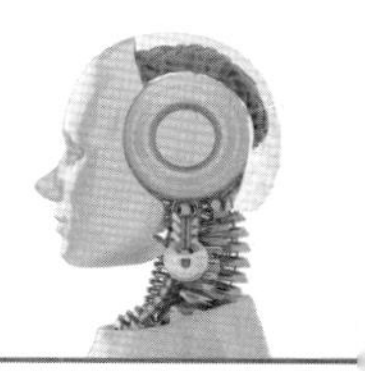

‘미래를 바꾸는 사람은 현실적인 과학자가 아니라 창의적인 영화감독’이라고 할 만큼 상상력은 과학 기술을 선도하고 있다. 실제로 과거 SF 영화들에서 등장한 첨단 기술은 과학 기술에 영감을 주었고 현재 실현되고 있다. 이 장에서는 영화를 통해 인공지능 기술을 살펴보고자 한다.

1 4차 산업혁명 주력 기술 – 물리학, 디지털, 바이오

인공지능 시대 첨단 기술을 이해하기 위해서는 우선 4차 산업혁명 시대 기술 트렌드를 이해할 필요가 있다. 4차 산업혁명 시대에는 크게 물리학, 디지털, 바이오 이렇게 세 분야에서 기술 혁신이 일어나고 있다.

<table>
<tr><th>분야</th><th>핵심 기술</th><th>융합기술</th></tr>
<tr><td>물리학</td><td>로봇공학, 드론, 소재(그래핀 등)</td><td rowspan="3">인공장기 3D 프린팅
자율주행 자동차
디지털 헬스 케어
AI의 3D구조 예측</td></tr>
<tr><td>디지털</td><td>인공지능, 사물인터넷, 블록체인</td></tr>
<tr><td>바이오</td><td>유전자가위, 합성생물학, 바이오 소재</td></tr>
</table>

출처: 클라우스 슈밥의 제4차 산업혁명, 클라우스 슈밥(2016), 메가스터디북스.

제4차 산업혁명을 이끄는 주요 핵심기술

물리학	무인 운송수단	3D프린팅
	로봇공학	그래핀(신소재)
디지털	사물인터넷	블록체인
생물학	유전학	합성생물학
	유전자 편집	

자료: 책 '클라우스 슈밥의 제4차 산업혁명'

첫 번째, 물리학 분야는 실물적으로 기계를 다루고 조작하는 기술로 대표적으로 로봇공학, 드론, 3D 프린팅, 신소재 등이 있다.

두 번째, 디지털 분야는 물리와 반대로 보이지 않는 정보, 소프트웨어 세계로 빅 데이터, 사물인터넷, 블록체인 등이 대표적이다. 앞서 물리학 기술의 발달로 정보를 처리하는 용량이 확대되면서 디지털 기술의 발전도 가속화되었다.

세 번째는 생물학 분야이다. 생명과 관련된 분야로 대표적으로는 유전자 가위 기술, 합성생물학, 바이오 소재 등이 있다.

특히 기대되는 점은 이 세 분야가 각기 개별적으로 발전하는 것이 아니라 서로의 분야 발전에 시너지 효과를 주거나 융복합되면서 새로운 기술들이 탄생되고 있다는 것이다. 예를 들어 물리학인 3D 프린팅 기술과 생물학 기술이 융합되면서 '인공 장기'의 제작이 이미 실현되고 있다. 또 물리학 기술이 발달하면서 작은 용량을 차지하면서 많은 정보를 처리하는 스마트폰, 웨어러블 컴퓨터 같은 휴대용 전자기기가 상용화되면서 디지털 세계가 우리와 더욱 가까워졌다. 이렇게 물리학, 디지털, 생물학 세 기술이 함께 시너지를 내며 발전하고 있다.

2 인공지능과 융복합 물리학 기술의 결정체 '아이언맨 슈트'

'나노 슈트'를 꿈꾸는 '모포제네시스' 기술

영화 '아이언맨'에서 슈트는 아이언맨의 핵심 기술이다. 아이언맨 슈트가 현실적으로 구현되려면 알고리즘과 센서를 제어할 수 있는 고도의 인공지능 기술과 첨단 나노소재 기술 그리고 에너지 공급 기술이 필요하다. 과학자들은 이러한 영화 속 첨단 기술은 인공지능 기술과 소재개발 그리고 에너지 기술의 발전으로 실현될 것이라 예측한다.

영화 '어벤져스: 인피니트 워'에서는 전투가 시작되면 아이언맨을 변신시키는 '나노 슈트'가 등장한다. 이 나노 슈트는 탈착식 아크 원자로를 터치하기만 하면 전신에 슈트가 둘러지게 되어 휴대와 탈착이 편리하다. 이렇게 유연하게 나타났다 사라지는 전투복들은 다른 영화에서도 자주 볼 수 있다. 영화 '가디언즈 오브 갤럭시'에서는 주인공의 마스크가 나타났다 사라지며, 영화 '캡틴 마블'에서도 주인공이 변신하면 헬멧과 전투복이 나타난다.

학자들은 영화 속 아이언맨 슈트는 '나노 테크' 기술로 실현 가능하다고 주장한다. 영화 '지구가 멈추는 날'에서는 검은 먼지 폭풍이 지나가면 주변의 모든 사물이 분해된다. 영화 속 이 먼지의 정체는 미세한 나노 로봇 무리이다. 미래 나노 로봇 기술은 우리 몸속에서 백혈구와 적혈구까지 제어할 수 있을 정도로 미세하고 정밀해질 것으로 기대된다. 또한 드론 기술을 보면 인공지능 알고리즘이 드론들을 제어하여 군집 비행으로 하나의 이미지를 만들기도 한다. 이와 같은 원리로 미세한 나노 로봇이 몸을 감싸도록 프로그래밍 된다면 영화와 같이 나타났다 사라지는 아이언맨 슈트 기술이 가능할 것으로 예측한다.

실제로 우리나라 '인공 모포제네시스 연구단'은 세포가 아닌 인공적 물질이 유기체로 결합해서 기능을 발휘하는 '모포제네시스' 기술을 연구하고 있다. 이 기술이 실현된다면 영화 속 아이언맨 슈트처럼 나노 스케일의 인공적 물질들이 모여 동작하고 기능하는 새로운 형태의 인공기계나 로봇이 가능할 것이다.

영화 '터미네이터2'에서는 액체 금속형 로봇이 좁은 입구를 통과하기 위해 액체상태로 녹기도 하고, 신체 일부를 무기로 변신시키는 장면이 나온다. '모포제네시스' 기술이 실현되면 다양한 형태로 변하는 기계나 로봇의 제작도 가능할 것이다.

'아이언맨 슈트' 꿈의 소재 그래핀

2010년 노벨물리학상 수상, 현존 최고의 소재

'그래핀(graphene)'은 고도화된 인공지능 기술을 실현해 줄 수 있는 꿈의 소재로 주목받고 있다. 아이언맨 슈트를 보면 가벼우면서도 총알과 폭탄에도 끄떡없을 만큼 강하다. 초기 아이언맨을 상징하는 대표적인 소재로 거론이 되었던 티타늄은 질량 대비 강도가 우수해 제트엔진의 소재나 우주정거장의 소재로 사용되었다. 실험적인 한 유튜버가 티타늄 재질로 아이언맨 슈트를 만들고 방탄성을 실험해 화제가 되기도 했다.

이후에도 첨단 신소재가 발견될 때마다 아이언맨 슈트의 소재로 언급되었고 최근에는 탄소나노튜브가 거론되었다. 하지만 이후 탄소나노튜브를 구성하는 더 작은 소재로 '그래핀(graphene)'이 등장했다. 그래핀은 현존하는 소재 중 가장 완벽하며 강도와 유연함을 갖춰 아이언맨 슈트와 같은 전투복과 에너지 소재로 각광받고 있으며, 2010년 과학자들에게 노벨물리학상의 영광을 가져다주기도 했다.

굵기 머리카락 천만분의 일, 강도 강철 200배

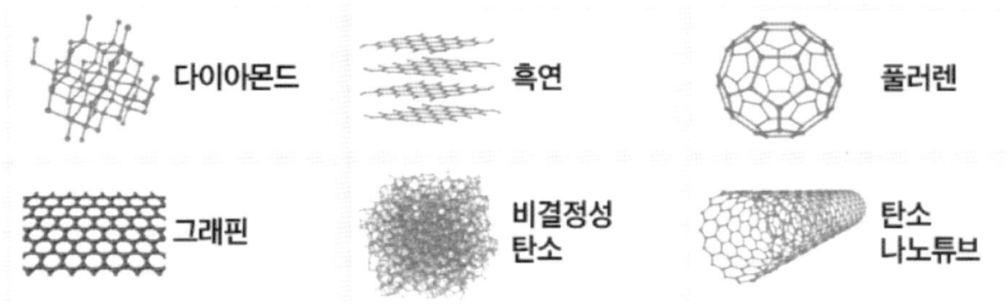

그래핀, 탄소나노튜스 등 탄소동소체들의 구조

출처: 한경IT과학(https://www.hankyung.com/it/article/).

그래핀은 다이아몬드와 같이 탄소 동소체로 흑연에서 추출된 탄소 원자 한 층으로 구성된 나노 구조체다. 특성을 상세히 보면 다음과 같다. 그래핀의 두께는 머리카락을 천만 번 나눈 크기인 2.2nm에 불과하지만 강도는 강철 200배 이상이고, 전류 전달성은 실리콘의 100배 이상이라 정보통신과 에너지 소재로 활용된다면 혁신을 가져올 것으로 기대된다. 여기에 빛이 98%나 통과할 만큼 투명해 그래핀을 이용하면 SF 영화에 나오는 마법의 종이와 같은 투명하게 접어 다니는 전자기기도 가능해질 것이다. 이러한 특성들 때문에 그래핀은 세상에 존재하는 가장 탁월한 소재라 불린다.

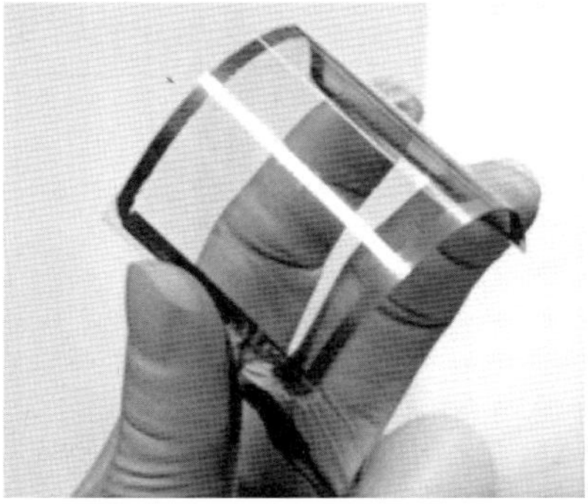

그래핀으로 만든 투명하고 휘는 디스플레이

출처: 서울신문(https://www.seoul.co.kr).

그래핀은 아직 높은 개발비로 상용화가 힘들다. 하지만 기술이 개발되면 전투소재, 일반 가전제품, 에너지, 복합소재, 우주선 등 적용 범위가 무궁무진할 것으로 예측된다.

현실 속 아이언맨 슈트

아이언맨에 영감을 받은 미국 군사용 슈트

미국에서는 아이언맨 영화를 보고 영감을 받아 2013년부터 최첨단 군사용 슈트를 제작해 전투에 활용하고 있다. 소재면에서 총알을 막는 방탄 기능을 갖추었고, 적의 공격 등 큰 충격을 받으면 순간적으로 유연해지는 액체형 방탄 기능도 겸비하고 있다. 디지털 분야에서도 다급한 전투 상황에서 아군끼리 교신하는 통신기능과 병사의 신체 상태를 실시간 본부로 전달하는 기능을 갖추었다. 이뿐 아니라 착용자의 근력을 최대 27배 증가시킬 수 있어 전투력을 향상시킨다.

하늘을 나는 슈트

영국에서 개발된 하늘을 나는 슈트

하늘을 나는 아이언맨 기술도 실현되고 있다. 영국에서 개발된 이 슈트는 약 시속 50km의 속도로 하늘을 날 수 있다. 해상 전투 시 바다 위를 날며 고도 조절과 착지도 정교해서 배와 배 사이를 이동할 수도 있다. 군사용 이외에도 산악구조용, 취미 등 다양한 용도로 활용될 것으로 기대된다.

3 자율주행 자동차

자율주행 자동차는 물리학 기술과 디지털 기술의 결정체이다. 과거 SF 영화에서 가장 많이 등장했던 인공지능 기술은 자율주행 자동차이다. 현재 운전자가 부분 개입은 하지만, 일정 속도를 설정하면 자동으로 주행하는 자율주행 기술은 실현되고 있다. 우리나라도 가까운 미래에 자율주행 자동차 상용화를 목표로 현재, 교통 시스템을 준비하고 있다.

SF 영화에 등장했던 자율주행 자동차

시대별로 영화에 등장한 자율주행 자동차를 보면 1985년 자율주행 자동차의 원조로 미국 드라마 '전격 Z작전'이 있다. '키트'라는 이름의 인공지능은 주변 상황을 인식해 스스로 운전하는 것은 기본이고, 지능을 발휘해 작전수행도 한다. 이뿐 아니라 주인공과 정서적으로 교류하며 드라마 속에서 주인공 이상의 역할을 하고 있다.

1990년 영화 '토탈리콜'에서는 2084년을 배경으로 인공지능 로봇이 운전하는 미래의 택시가 등장한다. 지금처럼 첨단 인공지능은 아닌, 사람 대신 로봇이 앉아 운전하는 자동차이다.

2017년 '로건'이라는 영화에서는 화물컨테이너가 운전석 자체가 없고

본체만으로 도로를 달리는 모습이 등장한다. 인공지능은 사람처럼 졸리거나 피로를 느끼지 않기 때문에 물류 운송에서 이 기술이 상용화된다면 물류는 보다 활성화되고 사람의 일자리에는 큰 변화가 있을 것이다.

2000년 영화 '미션 투 마스'에서는 2021년 미래를 표현하고 있다. 이 영화 속에서 2021년 대부분의 사람들은 전기차를 사용하고 있다. 내연기관 자동차를 운전하는 사람을 보며 박물관에 기증하라는 농담을 한다. 영화 속 2021년 예측은 다소 빨랐지만 배터리 충전 기술이 보다 발달한다면 기차에 밀려 내연기관 자동차가 사라지는 날이 올 것이다.

2002년 제작된 영화 '마이너리티 리포트'에서도 자율주행차가 등장한다. 2054년 미래 사회에서는 입체로 공간을 가로 세로로 움직이며 벽을 타고 주행하는 자율주행차가 등장하는데 무려 20여 년 전 영화이지만 입체형 도로를 만든 제작자의 상상력이 탁월하다. 주인은 미래에 일어날 것으로 예측되는 범죄를 예방하는 일을 수행하는데, 무인 자동차를 타고 차 사이를 이동하며 강력한 액션을 보여준다. 무엇보다 인상적인 장면은 고층 아파트에 사는 주인공이 창문 앞에 주차한 차를 통해 집안으로 들어오는 '창문 주차' 장면이다.

▲ 입체형 도로

▲ 창문주차 장면

영화 '마이너리티 리포트'

현실 속 자율주행 자동차

사람이 부분적으로 개입하는 자율주행차 상용화

아우디가 선보인 미래형 컨셉트 카

자율주행차의 단계를 보면 자율주행 자동차는 인지, 판단, 제어의 3단계 작동을 거쳐 주행된다.

첫 번째 인지단계에서는 카메라, 레이더 등 각종 센서를 활용해 주변 상황을 인지한다. 판단 인지 환경을 해석해서 안전하고 효율적인 주행 경로를 생성한다. 세 번째 제어에서는 판단의 경로를 수행하도록 가속 감속 등 조항 장치를 결정한다.

미국자동차공학회(SAE)가 제시한 자율주행 5단계

0	1	2	3	4	5
자율주행기술 없음	운전자 보조주행 방향 · 속도제어	부분적 자율주행 차선과 차량 간격 유지	조건부 자율주행 운전자 위급 상황 시 비상제동	고수준 자율주행 정해진 도로 자율 주행, 비상시 운전자 개입	완전자율주행 운전자 개입 불필요

출처: 미국자동차공학회(SAE).
출처: UPI뉴스(https://www.upinews.kr).

자율주행 자동차는 기능에 따라 0부터 5단계까지 있다.

0단계는 비자동화로 인공지능 기능이 없는 자동차이다. 1단계는 운전자 보조주행으로 일정한 방향과 속도를 제어한다. 2단계는 부분적 자율주행으로 차선과 차량 간격을 유지하며 자율주행을 한다. 3단계는 조건부 자율주행으로 운전자가 부분적으로 개입하면서 위급 상황에서는 비상제동을 할 수 있다. 4단계는 고수준의 자율주행으로 정해진 구역에서 운전자의 개입 없이 자율주행을 한다. 하지만 역시 비상시에는 운전자가 개입해야 한다. 5단계는 완전 자동화로 모든 도로에서 운전자의 개입 없이 자율주행이 가능한 단계이다.

현재까지 상용화된 자율주행 자동차의 기술 수준에서는 아직은 2단계로 운전자의 개입이 필요하다. 운전자가 운전석에 앉아 전방을 주시해야 한다. 하지만 2022년에는 운전자가 부분적으로 개입은 하지만 운전대를 잡지 않아도 되는 3단계의 자율주행 자동차가 출시될 예정이다.

자동차 업계에서는 가까운 2025년까지 4단계 자율주행차를 상용화하겠다는 계획이다. 4단계가 되면 고속도로와 같이 지정된 도로에서는 자동차가 스스로 주행하고, 돌발적 상황이 생기더라도 인공지능이 판단해 대응한다.

하지만 현재까지 인공지능 기술로는 자율주행 시 운전자의 개입이 필요하다. 운전자가 전혀 개입하지 않는 완전한 무인은 아직 시험 단계이다. 자율주행차 기술 수준이 가장 앞선 테슬라에서도 아직 완전한 자율주행차를 출시하지 못했다. 2015년경 일론 머스크는 2년 안에 완전 자율주행차를 출시하겠다고 선언했다. 하지만 2021년경에는 다시 “신뢰할 수 있고 안전한 자율주행차를 만드는 것이 얼마나 어려운 일인지 과소평가했다”고 밝혔다.

그러나 완전 자율주행 자동차를 대비해 교통시스템과 법적 제도 마련 등의 준비는 지금부터 필요하다.

자율주행 시범사업 로보택시 운행

미국 애리조나주에서는 2018년부터 세계 최초로 무인 자율주행 택시 즉, 로보택시 서비스를 시작했다. 서비스 방식은 우버와 마찬가지로 스마트폰의 앱을 통해 호출한다. 스마트 폰에 목적지를 입력하면 자율주행차가 목적지까지 운행한다. 그러나 완전한 무인이 아니었다. 초기 로보택시는 아직 초기 단계라 오작동에 대비해 엔지니어가 동승했었다. 운전석에 아무도 타지 않은 상태에서 운행하는 완전 무인 서비스는 제공하지 못하였다. 2024년에는 우리나라에서도 국내 최초로 심야 자율주행 택시가 시험운행을 시작했다. 시범운영을 통해 운영 지역을 전역으로 확대할 예정이다.

한편 배달로봇 서비스도 시작되고 있다. 이 배달로봇은 자율주행이기 때문에 조종하는 사람은 없으며 관제센터에서 로봇의 이동 경로를 실시간 모니터링한다. 최근 '지능형로봇법'이 시행되면서 보험에 가입되고 안전 인증을 받은 로봇은 보행자와 동일한 법적 지위를 가져 보도 주행이 가능해졌다. 따라서 조만간 무인 배달로봇 서비스가 확대될 것으로 기대되고 있다. 완전 자율주행차가 실현되기까지는 아직 시간과 기술 발전이 필요하지만, 로보택시와 자율주행 배달 등 관련 서비스는 이미 서서히 우리 생활에서 변화를 시작하고 있다.

건물 옥상에서 타는 택시

현실 속에서 하늘을 나는 자율주행 자동차도 등장했다. 그러나 아직은 상용화의 전 단계라 공유택시 서비스부터 시작하고 있다. 2016년 우버택시는 공유기반 '에어택시' 사업계획을 시작했다. 에어택시는 공항과 공항 사이에 승객을 태우며 부정기적으로 운항하는 소형 항공기 개념이다. 우리나라에서도 현대자동차, SK텔레콤, 카카오 등의 기업들이 에어택시 사업에 투자하고 있다. 최근 한국항공우주연구원에서도 도심항공교통 소형 비행체가 개발되어 조만간 상용화될 것으로 기대된다.

4 생체인식 기술

생체인식 기술은 디지털, 바이오 기술의 융합적인 발달 덕분에 가능해졌다. 생체인식에는 대표적으로 지문인식, 홍채인식, 안면인식 등이 있다.

첨단 생체인식 기술 실현

영화 '미션 임파서블' 속 생체인식 기술

1996년 개봉된 영화 '미션 임파서블'에서는 정보의 비밀요원 이단헌트가 스파이 임무를 수행하며 불가능한 임무도 해결해 내는 캐릭터로 등장한다. 이단의 탁월한 업무수행을 가능하게 하는 데는 1990년대 정부의 최첨단 스파이 장비의 지원이 있었다. 대표적으로 보완을 뚫기 위해 지문인식, 홍채인식을 하는 장면이 있다. 현재는 누구나 쉽게 사용가능한 스마트폰 보안 기술이지만, 영화 속에서는 보안이 필요한 중요 업무에 입장하기 위해서 홍채인식을 하는 장면이 나온다.

'미션 임파서블'에서는 이동하며 생체인식을 하는 웨어러블 스마트안경도 등장한다. 인공지능 렌즈는 안면인식 기술을 통해 사람의 얼굴을 판별하고 사진을 찍어 정보를 전달하고 출력하는 기능을 한다. 이 영화에서 생체인식은 스파이들의 변장에도 활용되고 있다. 상대의 안면을 인식한 후 자신의 얼굴에 부착해 변장하는 생체 가면도 등장하고 있다.

생체인식 기술의 대중화

이렇게 약 25년 전 스파이들을 위해 제작된 첨단 기술이 지금은 이미 대중화되었다. 현재 생체인식 기술은 스마트 지문인식으로 자동차 키 없이 시동도 걸고, 자동차가 안면인식으로 운전자의 감정까지 파악하는 수준까지 개발되고 있다.

안면인식 역시 딥러닝 기술로 얼굴인식이 가능해졌고, 사용할수록 학습량이 늘어 정확도가 높아진다. 생체인식 기술은 인공지능 면접관의 차별화된 강점으로 지원자의 안면, 음성, 동공 등 보다 진화된 생체 인식을 하고 있어 지원자의 거짓말도 걸러낸다.

차세대 생체인식 기술 정맥인식

생체인식의 한계는 복제가 가능하다는 것이다. 영화 속에서는 지문을 복제해 보안을 뚫거나 타인의 홍채를 이식해 신분을 위장하는 장면이 나온다. 이런 생체인식보다 더 정교한 것이 정맥인식 기술이다. 정맥인식은 손등이나 손목 혈관 형태를 인식하는 기술로 적외선을 사용해 혈관을 투시한 후 잔영을 이용해 아이덴티티를 확인하는 생체인식 기술이다. 복제가 거의 불가능하기 때문에 보안성이 매우 높고 국내에서 최초로 개발된 손등 정맥인식 기술은 1999년 국방부의 전산소 출입통제시스템에 도입되기도 했다. 현재 일본에서는 생체인증을 사용하는 ATM 기기의 80% 이상에 정맥인식 기술이 활용되고 있다.

5 미래에 실현될 첨단 기술

과거 SF 영화에서 등장하는 첨단 기술이 현재 가능해진 것은 4차 산업혁명 시대 물리학, 디지털, 생물학 분야 기술이 융복합적으로 발달하는 과학기술 발전 덕분이다. 그렇다면 지금은 실현될 거라 상상도 못하지만 미래에 실현될 기술은 어떤 것들이 있을까?

출처: 워너브라더스 코리아.

영화 '백투더 퓨쳐'를 보면 미래로 가는 타임머신이 등장한다. 과학자들은 양자물리학 기술을 바탕으로 시간 이동도 연구하고 있다. 영화 '테넷'에서는 시간을 거꾸로 이동시키는 양전자가 등장해 사람이나 물체의 엔트로피를 감소시켜 시간 이동이 가능하게 한다. '충분히 발달한 과학기술은 마법과 같다'는 말처럼 미래에 시간 이동 기술이 발달한다면 현재는 마법 같다고 생각하는 시간 이동도 가능해질지 모른다.

CHAPTER 06 | 창작하는 인공지능

인공지능보다 인간이 잘할 수 있는 분야에 대한 관심이 높아지고 있다. 특정 바둑, 수학, 게임 등의 분야에서는 이미 인공지능이 인간을 능가했다. 계산, 고객응대, 정보분석 등의 일부 영역에서는 인공지능이 인간을 대체하게 되면서 인공지능과 인간의 차별성이 강조되고 있다.

인간이 인공지능보다 잘할 수 있는 분야는 창의성을 발휘하는 분야이다. 그러나 인공지능도 이제 창작 분야에 도전해 미술, 음악, 문학, 영화 등에서 활약하고 있다.

1 인공지능 화가

렘브란트를 재현한 The Next Rembrant Project

세 그림 중 어느 그림이 바로크 시대 화가 렘브란트의 작품일까? 바로 첫 번째 그림이 렘브란트의 원작품이고 두 번째는 인공지능 화가가 재현해 낸 그림이다. 인공지능 화가는 이제 명화도 탁월하게 그려내고 있다. 이뿐만 아니라 눈, 코, 입과 같은 인물의 원하는 특징을 주문하면 요구사항에 맞춰 렘브란트 풍의 그림으로 탄생시킨다.

인공지능과 사람이 그린 그림

출처: https://www.nextrembrandt.com/

'The Next Rembrant'라는 이 프로젝트는 마이크로소프트, ING, 렘브란트 박물관이 함께 참여해 렘브란트의 작품을 인공지능으로 재현하는 프로젝트이다. 인공지능 화가는 렘브란트의 모든 작품을 분석한 후 그림의 특징을 500시간 동안 딥러닝으로 훈련했다. 출력된 그림은 이미지 질감에 따라 3D 프린팅으로 페인트로 덧칠되어 완성되었다. 이 프로젝트의 작품은 네덜란드의 갤러리에 전시되어 판매되기도 했다.

인공지능 오비어스의 작품 가격, 앤디 워홀 작품 가격을 능가하다

최근 경매에서는 인공지능의 작품이 명성 있는 인간 화가의 작품보다 높은 가격에 낙찰되어 화제가 되었다. 바로 인공지능 오비어스가 그린 '에드먼드 데 벨라미(Edmond de Belamy)'이다.

인공지능 오비어스는 14세기부터 20세기까지의 15,000여 점의 작품들을 분석해 '에드몽 드 벨라미'라는 초상화를 탄생시켰다. 이 초상화는 미국 크리스티 경매에서 43만 2500달러(한화 약 5억 원)에 낙찰되었다. 특히, 이날 경매에 함께 출품된 유명 예술가 앤디 워홀(Andrew Warhola Jr)

작품의 낙찰가(7만 5000달러)보다 훨씬 높은 금액에 판매되어 예술세계를 놀라게 했다.

인공지능 화가 '오비어스'가 그린 초상화 '에드몽 드 벨라미'
출처: 미국 크리스티 경매소.

인공지능 그림대회 '로봇 아트'

인공지능 화가는 이제 특정 프로젝트가 아니라 일반인에게도 확장되고 있다. 로봇 아트는 로봇이 그림을 그리는 미술대회이다.

2018 로봇 아트 수상작

로봇아티스트 e-데이비드

출처: 로봇신문(http://www.irobotnews.com).

로봇 아트는 엔지니어링과 예술이 결합된 대회로 인공지능 기술을 이용해 창작물을 만든다. 약 10만 달러 상금이 걸린 이 대회에 세계 각국의 예술 엔지니어들이 100여 점 이상의 작품을 출품한다. 2018년 1위를 한 로봇은 머신러닝 방식을 활용한 '클라우드페인터'로 사용자가 원격으로 붓 놀림을 명령해 폴 세잔의 작품을 재해석해 그려냈다.

인공지능과 인간 화가의 협업

두민(도성민) 작가와 (주)펄스나인의 '이메진AI' 협업 작품인 'commune with….

출처: 아이아갤러리 제공.

인공지능과 인간이 협업해 독도를 소재로 만든 작품이 화제가 되었다. 위 그림에서 수면 위는 두민 작가, 수면 아래 비치는 모습은 인공지능 화가인 이메진AI의 작품이다. 협업이라는 점에서 의미가 있지만, 인공지능이 인간의 작품을 모방해 똑같이 재현해 낸 작품이라 할 수 있다.

2 인공지능 음악가

컴퓨터는 이미 오래전부터 음악 분야에서 도구로 활용되었다. 전자키보드, 전자 바이올린 같은 악기로서의 역할뿐만 아니라, 음악을 가공하는 분야에서도 컴퓨터가 활용되어 왔다.

최근에는 인공지능이 발달하면서 인공지능이 직접 작곡을 하거나 뮤지션으로 활약하는 등 음악의 주체로 활약하고 있다. 인공지능 음악가는 클래식, 재즈, 록밴드 등 다양한 장르에서 활약하고 있다.

인공지능 작곡가

구글의 인공지능 예술가 마젠타

구글은 알파고의 성과로 만족하지 않고 현재 예술과 같은 창작분야에서도 인공지능을 연구하고 있다. 구글은 창조하는 인공지능 프로젝트로 '마젠타'를 정기적으로 개발하고 있다. 이렇게 만든 인공지능 알고리즘을 대중에게 공개하여 공유하고 있다. 마젠타는 음악 외 다양한 예술 작품을 창작하는 인공지능으로 설계되어 먼저 음악을 창작하는 알고리즘을 만드는 데 성공했다.

마젠타가 만든 약 80초 분량의 피아노 곡은 기계적 알고리즘으로 만들었다고 믿을 수 없을 정도로 감동을 주었다. 구글팀은 마젠타를 통해 '머신 러닝을 통해 설득력 있는 예술과 음악을 창조할 수 있는지' 알아보는 것을 목표로 연구를 지속하고 있다.

인공지능 딥바흐, 딥재즈

인공지능 '딥바흐(DeepBach)'는 바흐 작품 수백 곡을 분석하고 훈련해 바흐 스타일의 새로운 음악을 만들어 낸다. 구글의 'AI 듀엣'은 피아노로 대화를 나누듯, 연주자가 친 피아노 곡에 답하는 음악을 만들어 내기도 한다.

인공지능 '딥재즈(DeepJazz)'는 재즈 작곡에 특화된 인공지능이다. 딥재즈에 파일을 입력하면 원곡을 바탕으로 새로운 재즈 음악을 탄생시켜 사운드 클라우드에 음원을 공개하고 있다. 이렇게 구글의 딥러닝 프로젝트 구글브레인은 인공지능으로 새로운 음악과 영상을 만들고 있다.

인공지능 뮤지션

인공지능 피아니스트

2020년에는 인공지능이 피아니스트 루빈스타인 사후 38년 연주회에서 루빈스타인의 연주를 재현하며 오케스트라와 협업해 화제가 되었다. 제작팀은 루빈스타인이 연주한 피아노 정보만 추출한 인공지능 기술로 복원해 자동 재생 피아노로 연주를 시킨 것이다.

'인간 대 로봇 피아노 배틀'에서 인공지능 피아니스트가 인간과 함께 연주하는 퍼포먼스도 있었다. 이 로봇 피아니스트는 아직 인간 음악가만큼의 감성은 없지만 곡을 정확하게 소화해 냈다. 최근에는 사람과의 협업

공연으로 화제가 되기도 했다.

인공지능 록밴드 루비

보스니아 록밴드 '두비오자 콜렉티브'의 멤버인 인공지능 로봇 '루비'는 노래와 연주를 담당하고 있다. 연주 솜씨도 사람 못지않게 강력하고 빠른 록 음악을 능숙하게 소화해 낸다.

'인간 대 로봇 피아노 배틀'에서 피아니스트 로베르토 프로세다와 로봇 피아니스트 테오 트로니코

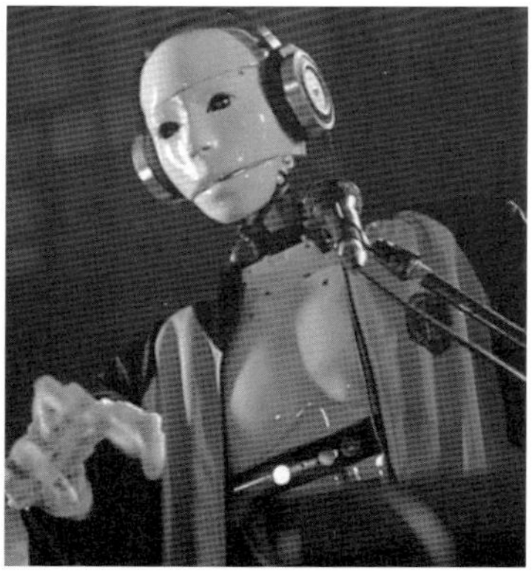

보스니아 인공지능 록밴드 루비

출처: 연합뉴스.

하지만 인공지능 뮤지션도 아직 표현해 내기 힘든 부분은 노래이다. 현재 인공지능이 사람의 노래를 하는 것은 사람이 만들어 낸 노래를 활용하는 수준이다. 일반 대화형식의 사람의 음성을 만들어 내는 기술은 어느 정도 발달해 있지만 노래는 떨림, 강약, 리듬 등 일반 대화보다 고도의 섬세한 부분이 있기 때문이다.

3 글 쓰는 인공지능

인공지능 시인과 소설가

[사용자 - Input]	[인공지능 - Output]
나는 이 순간을 마음에 새긴다	하나의 바람이 가장 낮은 곳에서 내 그리움의 한가운데를 보게 하나 나의 사랑 나의 쓸쓸한 나이 깊이

출처: PIAI 인공지능 연구원.

위 시는 우리나라에서 개발한 **'인공지능과 사람이 상호작용해 시를 창작하는 참여형 인공지능'**이 창작한 시이다. 사용자가 첫 행을 입력하면 여기에 맞는 다음 행을 제시한다. 시 전체의 완성도를 위해 인공지능이 여러 문장을 생성하여 사람이 직접 고를 수 있도록 선택권을 부여한다.

소설분야에서도 구글에서 연구하는 '프로젝트 쿠텐베르크'는 수많은 작품을 분석해 작가의 문체를 학습시켰고 셰익스피어가 쓴 것과 유사한 소설을 인공지능이 창작하고 있다.

인공지능 소설가의 활약을 보면 2016년 일본 인공지능 소설이 문학상 1차 예심을 통과하면서 화제가 되었다. 2018년에는 사람이 개입하지 않은 인공지능 소설까지 등장했다. 우리나라도 2018년 인공지능 창작소설 공모전을 개최했다.

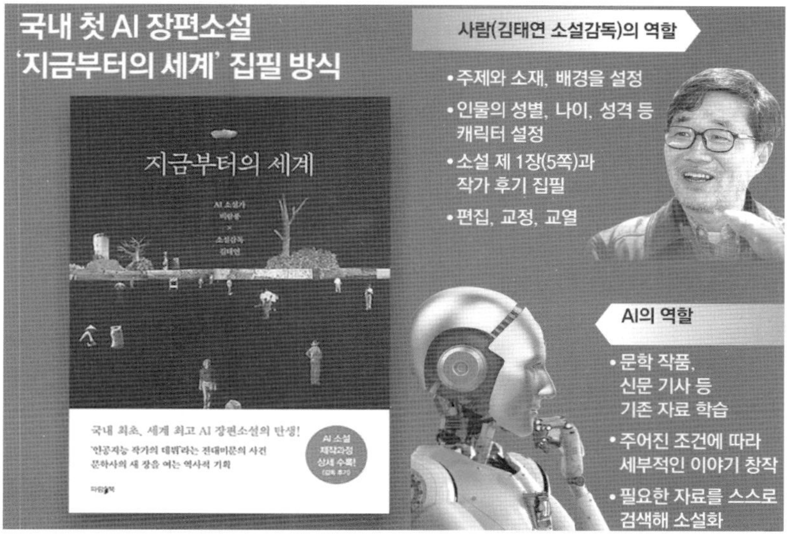

국내 첫 AI 장편소설 '지금부터의 세계'

출처: 동아일보(2021.08.26.).

인공지능이 제작한 소설의 완성도에도 관심이 높다. 2021년 인공지능이 발간한 국내 장편소설 '지금부터의 세계'는 450쪽 분량에 서사의 구조도 갖추고 있다. 사람이 주제, 소재, 배경, 등장인물의 캐릭터를 설정하면 기존 문학작품을 학습한 인공지능이 세부적인 이야기를 창작하고 필요한 자료를 스스로 검색해 소설화시키는 방식이다. 일종의 대필작가와 같은 역할을 하는 것이다. 이 인공지능 소설가는 아직 미흡한 부분도 있지만 필력이 우수하고 문장도 교정을 보지 않아도 될 정도이다. 이런 인공지능 소설가가 일반인에게 보급된다면 스토리와 등장인물을 설명하면 대중들도 소설을 쓸 수 있는 소설 창작의 대중화도 기대할 수 있다.

인공지능 시나리오 작가

인공지능 벤자민이 시나리오를 쓴 영화 '선 스프링'

출처: 영화 '선 스프링'.

인공지능 문학작품뿐 아니라 영화 시나리오도 만들고 있다. 인공지능이 시나리오를 쓴 '선 스프링'이라는 영화는 영화감독 '오스카 샤브'가 구글과 알파고의 대국을 보며 영화계의 인공지능에 대한 영감을 받아 시작되었다. 이후 시나리오를 쓰는 인공지능 벤자민이라는 프로젝트로 영화 시나리오를 제작했고, 48시간 만에 영화로 제작되었다. 선 스프링은 유튜브 조회를 수십만 회 기록해 화제가 되기도 했다. 또 인공지능이라는 이슈 이외에 작품성에서도 해외 영화제에서 경쟁작 부분 10위에 드는 성과를 냈다.

인공지능 소설가 경쟁력이 있는가?

인공지능 소설가는 인간 소설가가 생각해 내지 못한 과감하고 참신한 표현과 문장력으로 주목받고 있다. 인간 창작자들 역시 영감을 얻거나 자료를 수집하는 데 인공지능을 활용하고 있다. 인공지능 소설가의 경쟁력에 대해 김영하 작가는 "모험심을 제약받는 인간과 달리 인공지능이 훌륭

한 문장을 쓸 수는 있다. 그러나 적재적소에 문장을 배치해서 독자가 끝까지 흥미를 잃지 않도록 유지시키는 소설을 쓰기는 어려울 것이다."라고 했다.

4 창작하는 인공지능과 인간 창작자의 상생

인공지능의 창작으로 달라질 예술계

인공지능의 창작이 확산되면서 예술세계의 변화에 대해 다양한 예측들이 나오고 있다. 가장 먼저 인공지능에게 창작의 일자리까지 경쟁하며 빼앗길 것이라는 우려가 있다. 하지만 인공지능 예술가와 인간의 경쟁이 아닌 상생이 필요하다.

먼저 인공지능의 도움이 있다면 전문가는 더 창작에 집중하게 되고, 그 창작의 틀 안에서 시간이 필요한 작업은 인공지능이 보조할 수 있을 것이다. 방송에서 보조작가의 역할이나 작업실의 조수 역할을 인공지능이 대신하는 것이다. 큰 방향을 사람이 제작하면 배경과 디테일은 인공지능이 완성한다.

또한 인공지능이 예술을 하게 되면 예술이 특정 예술가층의 전유물이 아니라 일반인도 활용할 수 있도록 대중화될 것이다. 인공지능 소설 어플을 이용해 주제와 아이디어, 줄거리를 설정하면 소설을 쓸 수 있다. 또 숙련된 미술을 배우지 못했거나, 손재주가 없더라도, 인공지능의 도움으로 자신이 표현하고자 하는 그림을 그릴 수도 있다.

인공지능 창작, 교묘한 표절인가 새로운 장르인가

현재 인공지능은 음악, 미술, 문학, 영화에서 활발하게 활약하며 인간 예술가를 능가하는 이슈들을 만들며 인기를 누리고 있다. 그러나 한편으로는 인공지능의 '창작 인정 범위'에 대한 논란도 뜨겁다. 인공지능이 만든 작품은 인류의 빅 데이터를 응용해 만들었기 때문에 교묘한 표절인지, 새로운 예술 장르의 출현인지에 대한 논의이다.

대만의 디지털 예술가 '빅터 웡'은 인간이 과거에 금속과 진흙을 이용해 작품을 만들었듯 지금은 인공지능이라는 도구를 이용해 작품을 만드는 것이라고 주장한다. 고대 그리스의 철학자들은 예술의 본질은 '모방'이라고 했다. 앞서 사고의 기반이 되는 문화와 창작물이 있었기에 새로운 창작물이 탄생한다는 것이다. 창작의 기준을 모방과 응용으로 논한다면 '샘'이라는 마르셀 뒤샹의 작품은 대량으로 만들어진 기성품을 예술작품으로 전시한 것이다. 뒤샹은 예술에서 중요한 것은 '대상을 만드는 것이 아니라 새로운 생각을 창조하는 것'이라고 주장했다.

여기서 오늘날 예술은 작품 자체가 아닌 '예술가의 생각'을 중요시한다는 것을 알 수 있다. 그렇다면 인공지능 예술가는 창작자로서 새로운 생각과 철학을 가지고 표현하고 있을까? 스스로 사고하고 철학을 논할 수 있는 강 인공지능이 탄생하기까지는 아직 많은 시간이 걸릴 것이다.

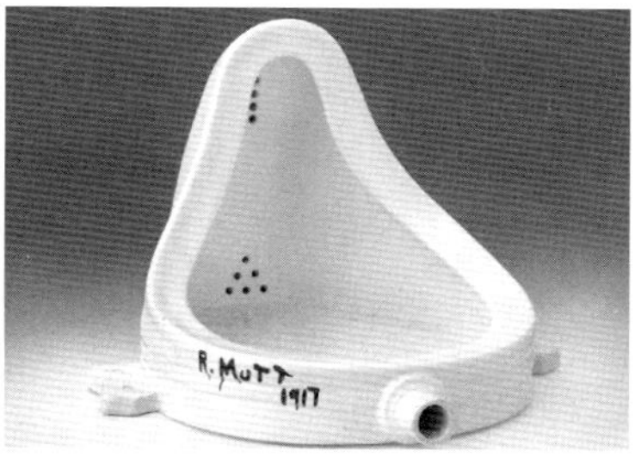

마르셀 뒤샹의 '샘'

출처: 위키백과.

챗GPT가 우리에게 던진 숙제: 창작과 허구의 경계

알파고 이후 가장 주목받는 AI인 챗GPT는 원하는 주제와 소재를 입력하면 작품성 높은 시와 글을 창작해 이용자들을 매료시키고 있다. 이렇게 똑똑한 챗GPT도 해결해야 할 과제가 있다. 바로 **'환각(Hallucination)'**이라는 문제이다. **환각 현상이란 AI가 허구나 거짓 정보를 마치 실제처럼 그럴듯하게 지어내는 현상**으로, 동전의 양면처럼 창조 능력의 부작용을 보여준다. "세종대왕이 맥북을 던진 사건을 알려줘"라고 요구하자 챗GPT가 '15세기 세종대왕이 훈민정음 초고 작성 중 화가나 맥북을 던진 사건'이라 답한 일화는 유명하다.

우려되는 것은 챗GPT가 전문가 수준의 능력을 갖추고 있어 편향되거나 조작된 내용도 전문적 정보로 오인할 수 있다는 것이다. 최근 뉴욕에서는 챗GPT를 활용해 작성한 의견서의 판례들이 허구라는 것이 밝혀져 30년 경력의 변호사가 망신을 당하기도 했다.

AI의 창조성은 예술 분야에서도 논쟁이 되고 있다. 2022년 AI가 생성해 낸 작품이 미술대회 디지털아트 분야에서 1위를 하면서 AI 예술에 윤리적 문제를 쏘아 올렸다. 2023년에는 사진대회 1위 수상작이 AI가 생성한 그림으로 밝혀져 충격을 주었다. 논란의 핵심은 '어디까지를 인간의 창작물로 인정할 수 있는가'이다. 붓 터치 한번 없이 명령어를 입력해 AI가 생성해 낸 작품은 인간의 창작물로 볼 수 없다는 주장과 AI라는 도구를 이용한 인간의 창작물로 인정해야 한다는 주장이 팽팽하다. 사진이 예술 장르로 인정받기까지 긴 시간을 거쳤듯이 AI 예술도 숙고의 기간이 필요할 것이다. 단지 현재 과도기에서는 무엇보다 AI가 개입된 창작물임을 밝히는 윤리적 노력이 필요하다.

AI가 우리에게 던진 숙제는 창작과 허구의 구분이다. 아무리 뛰어난 창작성을 발휘하더라도 가짜를 진짜로 착각하게 만든다면 허구이다. 창작과 허구의 경계는 결과물이 실제가 아님을 투명하게 밝히는 노력에서 시작된다. AI가 만든 창작물은 가짜뉴스나 범죄에 악용될 수 있어 우려가 크다. 그러나 이런 의도된 허구에 대한 윤리적, 법적인 제도 마련은 아직 미흡하다.

소설이 인간의 정신을 윤택하게 해주는 이유는 실제가 아님이 명확하기 때문이다. AI의 개입 여부와 허구를 구분시켜 주는 가이드, 즉 인공지능 윤리가 확립될 때 우리는 AI와 공존하며 현명한 AI 사용자가 될 것이다.

출처: 경남신문(2023.09.18), 챗GPT가 우리에게 던진 숙제, 정보현.

06 CHAPTER

CHAPTER 07 | 메타버스

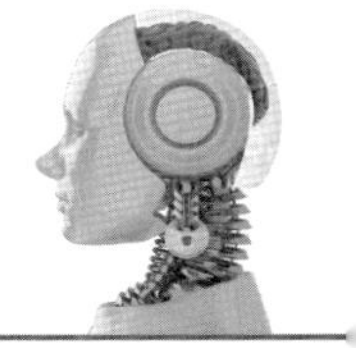

1 메타버스의 배경과 개념

메타버스란 무엇인가?

2020년에 본격적으로 시작된 코로나 19는 세상을 완전히 바꾸어 놓았다. 코로나 이후 일상에서 가장 달라진 점은 마스크이다. 마스크 다음으로 우리의 일상을 바꾼 것은 바로 디지털 세계이다.

디지털 세계로 가는 변화는 예측된 트렌드였지만, 코로나 19는 디지털 세계로의 변화를 더욱 앞당겼다. 이제 우리에게 온라인 세상에서 학습을 하고 미팅을 하고 소통을 하는 것은 일상이 되었다. 또한 세미나 강연 행사와 같은 대규모 모임도 온라인 속에서 이루어지고 있다.

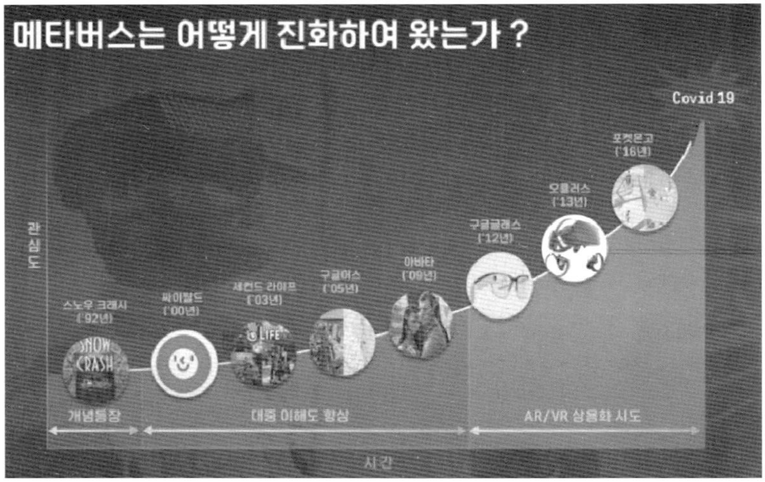

출처: IT위키(https://itwiki.kr).

이런 시기에 수백 명이 코로나 걱정 없이 행사를 하는 곳이 있다. 실제 행사장은 비어 있지만 행사장과 똑같이 꾸며진 공간에서 같은 유니폼을 입고 함께 교류하면서 행사에 참여한다. 행사가 끝난 후에는 그룹별로 모여 실시간 소통도 한다. 바로 디지털 속 세상 메타버스이다. 메타버스는 4차 산업혁명이라는 시대적 흐름과 함께 우리 곁에 빨리 다가오고 있다.

메타버스의 정의

메타버스는 가상, 또는 초월이라는 '메타'와 우주를 뜻하는 '유니버스'가 만나 탄생한 용어로 현실을 초월한 가상 세계라는 뜻이다.

- Meta(가상, 초월) + uniVerse → Metaverse (현실을 초월한 가상 세계)

닐 스티븐슨이 발표한 '스노 크래시'

출처: The New York times, Amazon.

메타버스는 1992년 SF 소설가 닐 스티븐슨(Neal Stephenson)이 '스노 크래시(Snow Crash)'라는 소설에서 처음 사용했던 용어로 인터넷 기반 3D 가상 세계를 뜻한다. 이 소설 속 사람들은 아바타를 통해 가상의 공간 메타버스에 접속해 일도 하고 경제활동을 한다. 이렇게 메타버스는 단순히 가상 세계를 시각적으로 체험하는 것에만 그치지 않고 이용자들이 현실 세계와 똑같이 타인과 상호작용할 수 있도록 해주는 장점이 있다.

메타버스의 현재

기술의 발달로 메타버스는 단순한 컴퓨터 속 화면이 아니라 현실 세계처럼 모든 것이 가능해지도록 진화하고 있다. 현재 활약하는 메타버스 세상을 살펴보면, 소셜, 경제, 성취 등 현실보다 더 많은 것들을 할 수 있다. 현실을 복제한 거울 세계에서는 디지털 지구의 땅을 거래한다. 코로나로 여행이 자유롭지 못한 요즘 이곳에서는 먼 곳으로 여행도 떠나 멋진 풍경도 볼 수 있다. 블록 기능을 이용하면 새로운 공간을 구축하고 마음이 맞는 사람들과 커뮤니티를 만들 수 있다. 꿈에 그리던 나만의 집도 지을 수 있다. 또 언어는 달라도 다른 나라 사람들과 친구가 되어 게임을 한다. 이 세상은 바로 현실을 초월한 가상 세계 '메타버스'이다.

메타버스를 진화시키는 4차 산업혁명 기술

메타버스 기술은 4차 산업혁명 시대 물리학과, 디지털, 생물학 기술의 융합적인 발전으로 진화하고 있다. 물리학 디지털 기술이 발달하면서 스마트폰과 연결되는 기어 VR이 등장해 손쉽게 연결이 가능하다. 헤드셋 하나만으로 가상현실을 구현해 주는 오큘러스 퀘스트 같은 첨단 디지털 장비들이 등장하면서 메타버스는 더욱 가까워지고 편리해졌다.

페이스북 오큘러스 퀘스트2

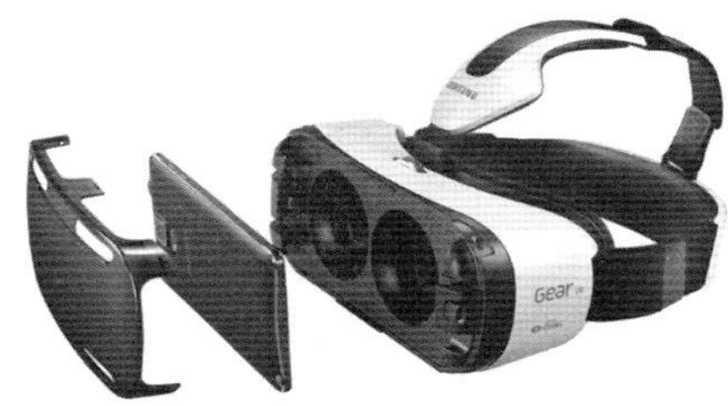

삼성전자의 기어 VR

출처: SK텔레콤, 삼성전자.

또 생물학과 기술과 결합된 실감 나는 장비들도 개발되고 있다. VR 헤드셋은 공간을 입체적으로 시각적 측면에서 한 단계 진화해 온도 진동과 같은 생체 변화를 실시간 감지하는 특수장갑과 의복이 제작되었다. 영화 '레디 플레이어 원'에서는 'X1 슈트'가 가상 세계의 모든 촉감을 느끼게 해준다. 현재 가상공간의 촉각과 힘, 운동감 등을 느끼게 하는 햅틱(Haptic) 기술을 활용한 체감형 VR기기들이 개발되고 있어 X1 슈트 같은 장비도 가능해질 것이다.

영화 '레디 플레이어 원'

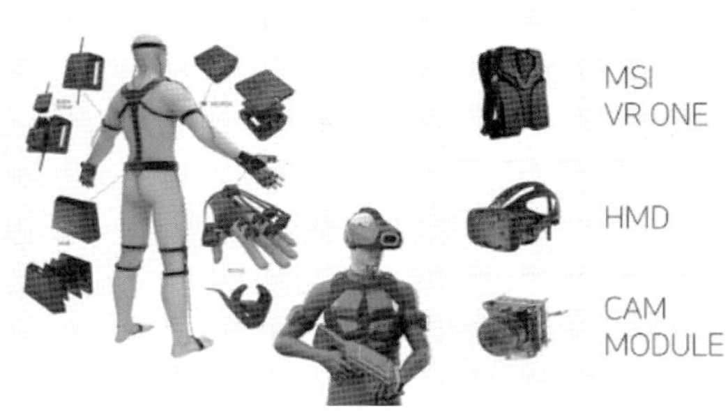

KAIST가 개발 중인 'X1 Motion Suit'

출처: 경향게임스(http://www.khgames.co.kr).

2 메타버스의 종류

증강-가상, 내부-외부로 구분되는 4가지 세계

메타버스의 개념을 간단히 이해하자면 인터넷 기반 확장된 가상 세계이다. 하지만 그 종류와 용어가 다양해 메타버스 종류에 대한 이해가 필요하다. 기술연구단체 ASF(Acceleration Studies Foundation)에서는 메타버스의 종류를 다음과 같이 제시하고 있다.

ASF가 분류한 메타버스의 4가지 세계

출처: https://m.hanwha.co.kr/media/discover/view.do?seq=4105

메타버스는 먼저 현실에 기반으로 둔 '증강'과 현실과 다른 '가상'으로 구분된다. 또 이용자의 사적 세계인 '내부'와 세상으로 확장된 '외부'로 구분할 수 있다.

이렇게 구분할 때 현실 세계에 기반을 두고 외부 세계를 확장하는 '증강현실 세계'와 자신의 사적 일상인 내부세계를 디지털 공간에서 표현하는 '라이프로깅', 현실 세계를 디지털 공간으로 복제한 세계인 '거울세계' 그리고 완전히 다른 세계를 만드는 가상 세계가 있다.

증강현실 세계

증강현실의 개념과 사례

메타버스의 첫 번째 세계는 우리가 살아가는 현실 세계에 기반을 두고 콘텐츠를 이용자의 외부 세계로 확장하는 증강현실 세계이다.

- 증강 +외부 → 증강현실 세계 (현실에 기반을 두고 이용자의 외부세계를 확장시킴)

증강현실을 쉽게 이해하려면 몇 년 전 선풍적인 인기를 이끈 '포켓몬 고'를 떠올릴 수 있다. 증강현실은 현실 공간에 스마트 장비를 비추면 가상의 겹쳐 보이는 물체를 통해 상호작용하는 환경이다. 포켓몬고 제작사에서 만든 인그레스라는 게임에서는 참가자들은 팀을 나눠 땅을 차지하는 게임을 한다. 동네를 산책하다가 포털이라는 거점이 나오면 자신의 것으로 만들며 영토를 확대한다.

게임 이외에도 증강현실 세계를 이용해 할로윈 같은 축제나 관광지의 가상체험도 즐길 수 있다. 또 인테리어 시뮬레이션이나, 의류 매장에서 옷을 착장하는 등 상업적 용도로 다양한 분야에서 활용될 것으로 기대된다.

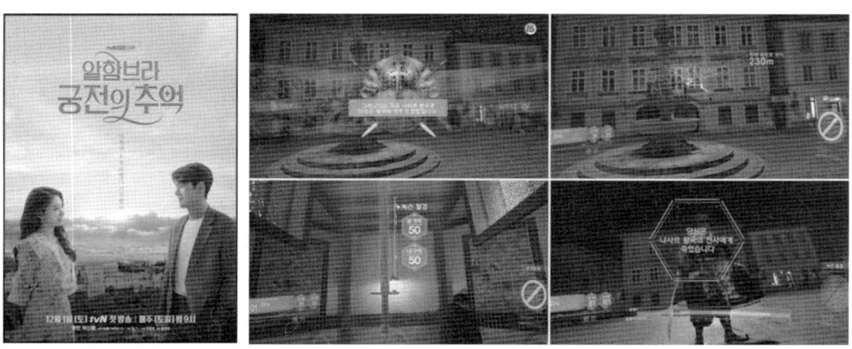

출처: tvN, 알함브라 궁전의 추억.

증강현실의 특징과 과제

증강현실은 현실이 배경이 되기 때문에 가상 세계에 대한 거부감을 줄이고 몰입감을 높이는 특징이 있다. 몇 년 전 방영된 드라마 '알함브라 궁전의 추억'에서는 증강현실을 소재로 다루어 화제를 모았다. 게임사 CEO인 주인공은 우연히 특정 현실 공간의 지형지물을 활용한 고차원의 증강현실 게임에 빠지게 된다. 놀라운 것은 이 게임 속에서는 현실 세계의 자동차를 공격하면 차가 부서져 유리 파편까지 날릴 정도도 현실 세계를 실감나게 표현하고 있다.

그러나 한편으로는 현실의 속에서 가상에서 벌어지는 활동을 하기 때문에 가상과 실제 간의 차이를 인식하고 안전성을 확보하는 것이 필요하다. 한때 포켓몬고 열풍은 현실 세계에 재미를 주었지만 게임 중 길을 건너다 사고가 나거나, 운전 중 가로수를 들이받는 사고가 생기기도 했다.

라이프로깅

라이프로깅의 개념과 사례

두 번째는 이용자의 사적 세계인 내부를 디지털 공간으로 증강시키는 라이프로깅(Lifelogging)이다.

- 증강 +내부 → 라이프로깅 (이용자의 사적인 내부 세계를 디지털 공간으로 확장시킴)

라이프로깅(Lifelogging)은 라이프(Life-삶, 생활)와 로그(Log-기록, 이야기)가 합쳐진 용어로 1945년 미국의 버니바 부시가 쓴 "우리가 생각하는 대로(As we may think)"라는 기고문에서 처음 제시되었다. 라이프로깅은 일상적인 경험과 정보 등 일상생활에서 일어나는 모든 순간을 텍스트, 영상, 사운드 등으로 기록해 디지털 공간에 공유하는 것을 뜻한다.

최근 개인의 일상생활을 동영상으로 찍어 인터넷에 공개하는 브이로그(Vlog)가 넘쳐나고 있다. 이용자들은 24시간의 소소한 일상을 공유하기도 하고 먹고 즐기고 체험하는 경험을 디지털 세계에서 공유하며 즐거움을 확대한다. 또 보는 사람은 타인의 체험을 보며 대리만족을 느끼고 간접 체험을 하며 감정을 소통한다.

일상의 모든 순간을 기록, 공유하는 하는 것은 스마트폰, 스마트 워치 등의 기술이 발달하면서 더욱 쉽게 가능해졌다. 웨어러블 기기를 사용해 운동량과, 소비 칼로리, 수면패턴, 선곡 음악 등의 정보를 저장하고 디지털 공간에 공유하는 것이 대표적인 라이프로깅의 예시이다.

라이프로깅의 특징과 과제

라이프로깅은 이제 사람들이 표현하고 소통하는 하나의 장르가 되었다. 또 일상생활을 기록하는 라이프로깅을 분석하면 헬스케어, 개인맞춤형 서비스, 범죄예방 등의 데이터가 되어 사람들에게 질적 서비스를 제공할 수 있다. 하지만 한편으로는 사생활 침해의 논란도 있다. 본인의 동의 없이 개인정보가 상업적이나 기타 목적으로 수집될 수도 있어 프라이버시 침해가 우려되고 있다. 이외에도 과거에는 스스로 공개했지만, 논란이 생기면서 과거의 라이프로깅이 부정적 정보로 작용하는 부작용도 있다.

또 다른 단점으로는 자신의 라이프로깅에 대한 타인의 반응이나 높은 조회수 등을 지나치게 의식해 현실 속 자신과는 다른 디지털 속 이미지를 만든다는 우려도 있다.

남이 평가하는 나 - '거울 단계 이론'

'거울 단계(Mirror Stage) 이론'은 프랑스 철학자 자크 라캉이 제안한 개념이다. 원래는 어린아이가 **거울에 비친 자기와의 동일시를 통해 정체성을 만들어 가는 것을 의미**한다.

여기서 보다 확장되어 '개인이 자신의 정체성을 확립하는 과정에서 타인과 세상의 평가를 거울삼아 정체성을 형성하려는 욕구'라는 개념으로 쓰이기도 한다. 언론에서 어떤 이슈에 대해 해외의 반응이나 대중의 평가에 민감해하는 현상도 **타인의 평가를 통해 자신의 존재를 확인 받으려는 욕구**에서 나온다.

하지만 라캉은 거울 속에 비친 나는 '진짜' 나일 수 없다고 주장한다. 진짜 나가 되기 위해서는 우선 '이상적인 나'가 '진짜 나'가 아니라고 인정하는 것에서부터 시작된다.

출처: 중앙일보, 뿌리 깊은 타자 의식 문화(https://www.joongang.co.kr).
해피채고의 영문학과 인문학의 나들이(https://happychaegoworld.tistory.com/13).

가상 세계

가상 세계의 개념과 사례

세 번째는 완전히 새로운 개인의 세계를 구축하는 가상 세계이다.

- 가상 + 내부 → 가상 세계 (새로운 개인의 세계를 구축)

가상 세계에서 사용자들은 아바타를 통해 현실과 유사한 사회 경제적 활동을 한다.

게임이 가장 대표적인 가상 세계이다. '레드 데드 리뎀션'이라는 이 게임은 서부 개척 시대를 배경으로 한 가상 오픈월드 게임이다. 현실과 구분할 수 없을 만큼 뛰어난 영상미와 광활한 스케일 구성으로 게임으로 빚어낸 예술이라고 불린다. 게임 속 주인공은 현실처럼 수염이 자라면 면도를 하고, 진흙탕에 빠지면 목욕을 한다. 말을 타고 새로운 세계로 떠나 멋진 대자연을 감상하기도 한다.

게임 '레드 데드 리뎀션'

가상 세계 플랫폼 '로블록스'

출처: 게임 '레드 데드 리뎀션, 경향신문.

가상 세계는 최근 게임 산업뿐만 아니라 사회, 경제, 문화 공간의 장으로 확장되며 메타버스 성장에 기여하고 있다. 가상 세계는 크게 분류하면 '게임 형태'와 '비게임 형태'로 나눌 수 있다. 게임 형태의 가상공간에서는 일정한 규칙과 목표가 있다. 이용자들끼리 경쟁하거나 협업하며 우승자를 가리거나 목표를 달성해 나간다. 하지만 비게임 형태의 가상공간은 우승이나 목표 달성보다는 새로운 사회생활과 교류를 위해 만들어진 세계이다. 말 그대로 이용자에게 또 하나의 새로운 세계를 만들어 주는 것이다.

이런 가상 세계를 구현하는 플랫폼에는 대표적으로 미국의 로블록스가 있다. 로블록스는 에어비앤비, 구글, 테슬라를 제치고 주가가 92% 상승해 메타버스 시장에 대한 기대를 보여준다. 페이스북도 메타버스 집중 투자에 나서 아바타로 소통하는 소셜미디어 '호라이즌'을 출시했다. 우리나라에도 제페토라는 플랫폼이 있다.

지난달 국내 투자자들이 많이 사들인 미국주식 (단위: 달러)

		순매수액
1위 로블록스	메타버스 플랫폼 기업	8153만
에어비앤비	글로벌 숙박공유 기업	7785만
SPDR	S&P 500지수 추종 상장 지수펀드	5340만
알파벳	구글 모기업	4988만
페이스북	세계 최대 소셜네트워크 서비스	4598만

주식투자 1위 로블록스

자료: 한국예탁결제원

메타버스 집중 투자 나선 페이스북

- 가상현실(VR) 일터 '인피니트 오피스' 개발
- 2019년 VR 제품 개발 업체 '오큘러스' 인수
- 아바타로 소통하는 VR 소셜미디어 '호라이즌' 출시

페이스북의 메타버스 투자 현황

출처: 동아일보 이코노미(www.donga.com), Pwc.

가상 세계의 특징과 과제

가상 세계의 가장 큰 특징은 현실 세계와는 전혀 다른 새로운 세계를 구축할 수 있다는 것이다. 이용자들은 아바타를 통해 자신이 원하는 외모를 만들고, 이상적인 공간을 만들어 가상 세계와 소통한다. 가상 세계에서는 실패해도 다시 시작할 수 있어 실패에 대한 부담이 적다. 그래서 이용자들은 현실 세계보다 쉽게 새로운 아이디어를 펼치고, 새로운 공간을 만들고, 새로운 관계를 구축할 수 있다.

하지만 아직까지 가상 세계 이용자의 대부분은 Z세대라 세대 간의 메타버스 이용격차는 메타버스의 해결 과제이다. 비게임형 가상 세계 플랫폼인 제페토의 경우도 이용자의 80%가 Z세대이다. Z세대는 대략 1995년경 이후 출생한 세대로, 종이책이나 아날로그보다 디지털 매체를 선호한다. 가상 세계의 문화 역시 주 이용자인 Z세대 트렌드를 따라가게 되므로 세대 간의 격차가 심화될 것이라는 우려도 있다.

물론 코로나 19 이후 메타버스가 업무에 유용한 도구가 되면서 다른 세대들도 메타버스 세계로 들어오고 있지만, 필수로 이용해야 하는 경우가 아닌 비게임형으로 즐기는 가상 세계로 들어오기까지는 시간이 걸릴 것이

다. 그러나 사용의 편리성과 접근성이 개선되고 있어 앞으로 가상 세계는 더욱 발전할 것으로 전망된다. 스마트폰도 보급 초기에는 다루기 어려운 장비였지만 서서히 전 세대에게 보급되어 일상적인 도구가 되었다.

거울세계

거울세계의 개념과 사례

네 번째는 우리가 살아가는 외부 세상을 가상의 공간으로 똑같이 재현한 거울세계이다.

- 가상 + 외부 → 거울세계 (현실 속 외부 세상을 가상의 공간으로 재현한 것)

거울세계는 일종의 지도와 같은 개념이다. 지도는 실제 세계는 아니지만 현실 세계의 지형을 똑같이 재현하고 있다. 우리는 이미 내비게이션이나 스마트폰과 같은 디지털 속에서 실제 세상과 똑같이 재현된 거울세계를 이용하고 있다. 거울세계에는 대표적으로 현실 세계의 지형을 디지털 속으로 그대로 옮긴 '구글맵'이 있다. 여러 음식점들이 입점해 상거래가 이루어지는 '배달의 민족'도 대표적인 거울세계이다.

가상의 공간이지만 거울세계에서는 상거래도 이루어지고 있다. '어스2(Earth 2)'는 '구글 어스'를 기반으로 만든 가상부동산 거래 플랫폼이다. 사용자들은 이 구글맵을 이용해 가상의 지구를 만들고 실제 지구(어스1)와 동일한 크기인 가상 지구에서 10m² 단위로 토지를 나누어 매매하고 있다. 이 거울세계는 처음에는 새로운 체험을 원하는 이용자들이 많았지만, 최근 세계적으로 가상자산 투자 열기가 뜨거워지면서 투자 목적의 이용자들이 증가하고 있다. 주로 가상공간의 부동산을 사고팔고 중개하는 형식이다.

'어스2'에서 거래 중인 세계 랜드마크 가상부동산 시세

장소	위치	토지크기	가격
자유의 여신상	미국 뉴욕	7,200㎡	4,593달러(타일당 63달러)
에펠탑	프랑스 파리	1만8,200㎡	1,617달러(타일당 8달러)
빅벤	영국 런던	2만3,700㎡	3,568달러(타일당 15달러)
청와대	대한민국 서울	5만600㎡	1만9,930달러(타일당 39달러)
세종대왕 동상	대한민국 서울	800㎡	316달러(타일당 39달러)

자료: 어스2(earth2).

거울세계의 특징과 과제

거울세계는 수요와 공급을 디지털 공간에서 이어주어 현실 세계 소비자들의 다양한 욕구를 충족시켜 주고 있다. 대표적으로 배달의 민족은 직접 요리를 하지 않지만 수많은 음식점들을 입점시켜 소비자가 자신에게 맞는 요리를 다양하게 선택하도록 해준다. 에이비앤비는 실제로 소유한 부동산이 없지만 이용자들은 가상 세계 중계를 통해 전 세계 숙박을 이용할 수 있다.

하지만 거울세계에 대한 우려도 크다. 달 대사관이란 뜻의 '루나 엠버시(Lunar Embassy)'를 설립한 데니스 호프는 **21세기 '봉이 김선달'**로 불린다. 호프는 우주 소유권에 대한 UN 조약이 특정 국가와 기관의 소유권을 금지하지만 **개인 소유권은 제약하지 않는다는 맹점을 이용해 1980년 달에 대한 소유권을 주장해 법적으로 인정**받았다. 초기에는 축구장 절반 정도 크기에 달의 토지를 20달러 정도에 팔기 시작했는데, 지금까지 달의 토지를 산 사람은 유명인들을 포함해 600만 명이며 호프가 벌어들인 수익은 한화 120억 원에 달한다.

현재 '메타버스(Metaverse)' 열풍을 타고 제2, 제3의 루나 엠버시들이 생겨나고 있다. 전문가들은 이런 거울세계의 가상부동산 투자를 우려하고 있다. 일부 플랫폼에서는 운영 방식이나 향후 제공 서비스에 대한 구체적 기준이 없는 데다, 실제 현금화할 수 있는 안전한 자산으로 보기 힘들다는 것이다. 미국에 이어 한국이 두 번째로 가상 부동산 거래가 많다. 전문가들은 수많은 가상부동산 플랫폼 중 이용자가 많은 곳만 살아남고, 나머지는 사라질 것이기 때문에 투자 시 주의가 필요하다고 조언한다.

3 분야별 메타버스의 활약

새로운 커뮤니케이션 세계 구축

가상 세계에 대표적인 플랫폼에는 우리나라에는 네이버에서 2018년 출시한 제페토라는 플랫폼이 있다. 제페토는 이용자 90%가 해외에 있을 만큼 전 세계 200여 국가의 2억 명 이상이 이용하고 있으며 이용자 80%는 Z세대이다.

제페토에서는 일명 '부캐'라는 자신의 캐릭터를 본떠 만든 3D 아바타를 생성해 사회 활동을 한다. 자신의 취향에 맞는 옷과 패션 소품을 사서 아바타를 꾸미기도 한다. 빌드잇 기능으로 자신의 공간을 만들고 친구를 초대해 교류하며 게임도 즐긴다.

현재 게임 등의 목적이 아닌 소통하고 사회활동을 하는 비게임형 가상세계가 성장하면서 메타버스 시장은 급성장할 것으로 예측하고 있다.

다양한 분야에서 메타버스의 활약

실감경제 XR

메타버스 시대 경제 분야에서 경제전략으로 **실감경제, 가상융합경제** 개념을 제시하고 있다. 실감경제란 XR과 같은 첨단 기술을 활용해 현실 세계를 가상으로 확장해 경제, 사회, 문화가치를 창출하는 것을 말한다.

메타버스 주요 용어 VR, AR, MR, XR

종류	개념
VR 가상현실 (Virtual Reality)	실제와 유사하게 만들어진 가상공간
AR 증강현실 (Augmented Reality)	실제 공간위에 가상 정보가 겹쳐 보이는 것
MR 혼합현실 (Mixed Reality)	증강현실과 가상현실의 접목
XR 확장현실 (eXtended Reality)	VR, AR, MR을 포함해 혼합현실과 함께 미래 신기술까지 포함

XR은 VR, AR, MR을 포함해 혼합현실과 함께 미래 신기술까지 포함한 것을 말한다. 영화 '블랙 팬서'는 주인공들이 실내 조정석에 앉아서 조정을 하면 실제 자동차가 거리를 달리며 적을 따돌린다. 또 실내에 앉아 실제 비행기를 조종하는 장면들이 나온다. 이러한 기술들을 최첨단 XR이라 할 수 있다.

XR을 활용한 실감 경제가 부상하면서 우리나라도 정부의 가상융합경제 발전전략의 일환으로 여러 기업이 참여하는 '메타버스 얼라이언스'를 시작했다. 2025년 메타버스 관련 산업 규모가 약 2,800억 원가량 될 것으로 예측하고 있다.

게임산업의 메타버스

게임산업에서는 일찍부터 가상현실로 메타버스 기술이 발달되어 왔다. 게임에서는 현실감 있는 영상 기술과 더불어, 메타버스의 단점인 현실 세계의 물리적 느낌까지 생생하게 전달하기 위해 생물학과 결합된 많은 장치들을 개발하고 있다.

대표적으로 테슬라 슈트는 기존 장비의 진동 방식이 아닌 전기 전달 방식으로 개발된 슈트로 몸에 부착된 수많은 센서에서 온도뿐 아니라 가상 공간의 물리적 충격까지 전해줘 게임의 생생함을 전해준다. 이외에도 바람, 물, 통증과 같은 촉각을 느끼도록 현재 계속 연구되고 있다.

엔터테인먼트, 패션 분야 메타버스

메타버스에서 활약하는 블랙핑크

구찌의 아바타 패션산업

출처: 제페토(https://www.naverz-corp.com/).

메타버스는 엔터테인먼트 분야에서도 활발하다. Z세대 팬층을 둔 가수들은 메타버스에서 신곡발표를 하고, 가상의 공간에서 팬들과 만나 팬미팅과 행사도 한다.

메타버스에서는 현실에서 비싼 명품도 비교적 저렴하게 살 수 있다. 구찌와 같은 유명 명품 브랜드에서는 가상 세계 아바타를 위한 패션을 개발해 판매하고 있다. 사용자들은 현실 세계에서는 비싸 부담이 되었던 명품을 아바타에게 입히며 가상공간에서 대리만족을 한다.

산업분야 메타버스

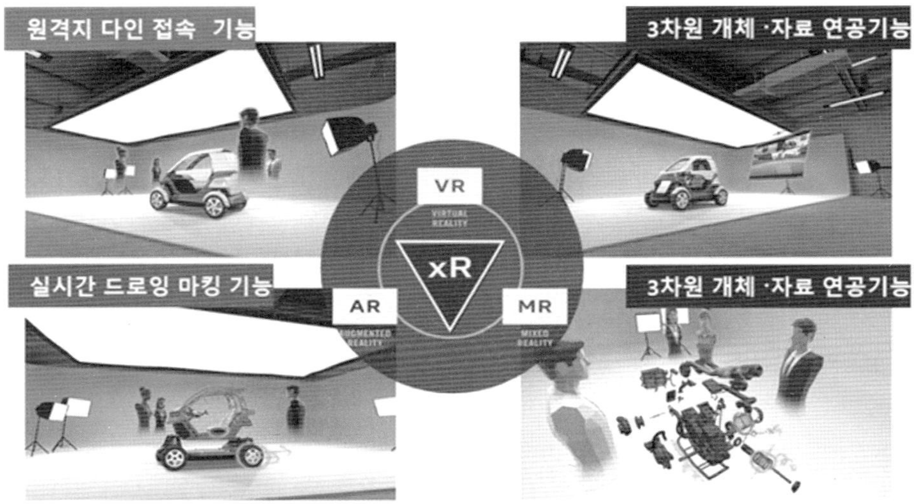

출처: http://www.news-in.kr/19007

메타버스는 산업분야에서도 꿈틀거리고 있다. 가장 기대되는 분야는 스마트 플랜트이다. VR을 이용해 시뮬레이션을 하고, 설치 정비도 실시간 점검할 수 있어 경비를 절감하면서 최적화된 공정을 운영할 수 있다. 또한 설계가 완성되기 전에 시제품 제작도 빠르고 경제적으로 구현할 수 있다.

모바일 산업에서도 메타버스가 큰 활약을 할 것으로 기대된다. 자동차 개발 과정에서도 메타버스로 테스트를 진행하면 개발시간과 비용을 아낄 수 있다. 포르쉐 자동차는 전기차 개발과정을 공개할 때 가상공간에서 시험 주행 시뮬레이션을 진행하기도 했다. 또 자동차 개발 단계에서 혼합현실(MR) 기술이 발달한다면 설계도와 배선도 같은 평면 이미지를 입체화시킬 수 있어 작업효율성 향상으로 차량 정비 시간이 절반으로 줄어들 것이다.

이렇게 메타버스는 안전하고, 시간과 비용은 단축시키며, 실제 볼 수 있어 의사소통의 효율성을 높여 교육, 산업, 스포츠 등 다양한 분야에 적용될 것으로 기대하고 있다.

4 메타버스의 미래

뇌와 직접 연결된 메타버스 미래 기술

메타버스의 미래 모습을 소재로 다룬 대표적인 두 영화가 있다. 영화 '매트릭스'와 '레디 플레이어 원'이다. 레디 플레이어 원에서는 매트릭스 세계와 연결하는 첨단 장비 기술이 등장한다. 이용자는 메타버스 세상의 이미지뿐만 아니라 신체와 연결된 첨단 슈트와 장비를 통해 메타버스와 똑같이 현실에서 달리고 촉감을 느낄 수 있다. 현재 촉감과 신체적 움직임을 재현하는 장비들이 게임산업에서 개발되어 가까운 미래에 영화와 같은 메타버스 기술이 가능할 것으로 예상된다.

영화 '매트릭스'에서는 보조장비가 없이 바로 뇌와 접속하는 메타버스 기술이 등장한다. 이용자는 가수면 상태에서 오퍼레이터의 도움으로 가상 세계에 접속한다. 인공지능이 사람의 뇌파를 조정해 가상공간을 운영하기 때문에 물리적 보조장비 없이도 현실과 똑같은 가상 세계를 체험할 수 있다. 현실 속에서 뇌와 연결되는 기술은 아직 걸음마 단계이다. 하지만 인공지능이 인간의 뇌파를 감지해 언어로 표현하는 기술은 가능해지고 있다.

메타버스를 현실 세계의 유용한 도구로 활용

영화 '매트릭스'의 주인공은 자신이 살고 있는 공간이 가상공간이고 실제로는 누워서 컴퓨터에게 양육받고 있다는 것을 알고 큰 충격을 받는다. 반대로 영화 '프리 가이'에서는 게임 캐릭터가 자신이 사는 공간이 진짜이며 자신이 인간이라는 착각을 하고 있다.

가상과 현실에 대한 혼돈을 아주 오래전 예측한 사람이 있다. 바로 중국의 철학자 장자이다. 장자는 꿈속에서 나비가 되어 펄럭이며 날다가 꿈에서 깬다. 이후 자신이 꿈에서 나비가 된 것인지, 나비가 꿈에서 자신이 된 것인지 알 수 없게 된다.

우리는 코로나 19라는 큰 위기를 겪으면서 온라인으로 쇼핑을 하고 일을 하고 소통을 하면서 때로는 오프라인 세계보다 디지털 세계가 훨씬 편리하다는 것을 알게 되었다. 하지만 우리가 살고 있는 현실 세계는 메타버스보다 새로운 것을 구축하고 나만의 공간을 만들고 집을 갖는다는 것이 훨씬 어렵다는 것도 알고 있다. 메타버스를 유용한 도구로 활용해 현실을 현명하게 살아가는 지혜가 필요할 것이다.

호접지몽(胡蝶之夢)

꿈에 장자는 나비가 되어 즐겁게 날아다녔는데
꿈속에서 자신이 장자라는 걸 알지 못했다.
꿈에서 깬 후 장자는
"내가 나비의 꿈을 꾼 건지
나비가 내 꿈을 꾼 건지 어찌 안단 말인가?"라고 말한다.

여기서 호접지몽(胡蝶之夢)이라는 말이 생겨났다.
호접지몽은 지금 현실이 꿈인지, 그때의 꿈이라고 생각했던 것이 현실이었던 것인지 알 수 없다는 뜻으로 만물에는 구분이 없다는 노장사상의 철학으로 해석되고 있다.

출처: 장자(莊子)의 제물론편, 서울신문(儒林(168)-제2부 周遊列國 제2장 老子와 孔子).

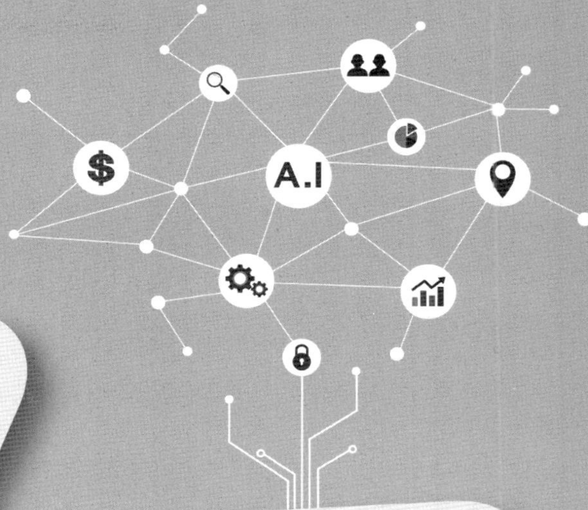

• PART II •

인공지능과 윤리

CHAPTER 08 | 인공지능과 윤리적 논의

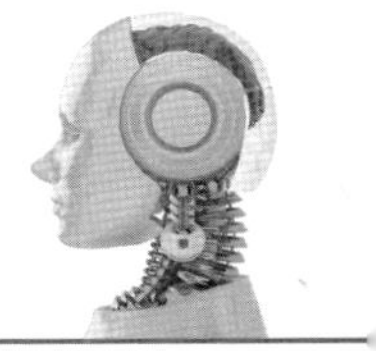

1 인공지능에게도 윤리가 필요할까?

로봇이 만난 딜레마

[상황 1]
로봇이 여기 있다. 주인이 빠르게 직진하라고 명령한다. 그러나 **그대로 간다면 사람과 부딪혀 다치게 할 수 있다**.
로봇은 주인의 명령에 따라 직진해야 할까?
다른 사람을 다치지 않게 멈춰야 할까?

[상황 2]
직진 명령을 받은 로봇이 걸어가고 있다. 하지만 **계속 간다면 낭떠러지가 있어 로봇이 부서질 것**이다. 로봇은 자신이 파괴되더라고 주인의 명령을 따라야 할까? 멈춰야 할까?

[상황 3]
인명구조 로봇 앞에 구조할 두 명의 사람이 있다. 첫 번째는 건강한 성인 남성으로 구조하면 살아날 수 있는 가능성이 더 높다. 두 번째는 어린 소녀로 구조 확률이 첫 번째 사람보다 더 낮다. **누구를 먼저 구해야 할까?**

위 상황들은 인공지능 로봇의 보급이 확산되기 전 인류가 공통적으로 고민해야 하는 윤리적 딜레마들이다. 인공지능은 인류 삶을 편리하고 윤택하게 해주고 있다. 하지만 인간이 시킨 일을 수행하는 과정에서 의도치 않게 사람을 다치게 하거나 윤리적 딜레마 상황을 만날 수 있다. 인간은 이런 예상치 못한 상황을 만날 때 자신만의 윤리관으로 능동적으로 판단할 수 있지만, 스스로 사고하는 능력이 없는 인공지능은 입력된 프로그램대로만 움직일 것이다. 인공지능이 일상화 될 미래에 대비하여 인공지능에게 필요한 윤리를 논의할 필요가 있다.

1942년 등장한 로봇 3원칙

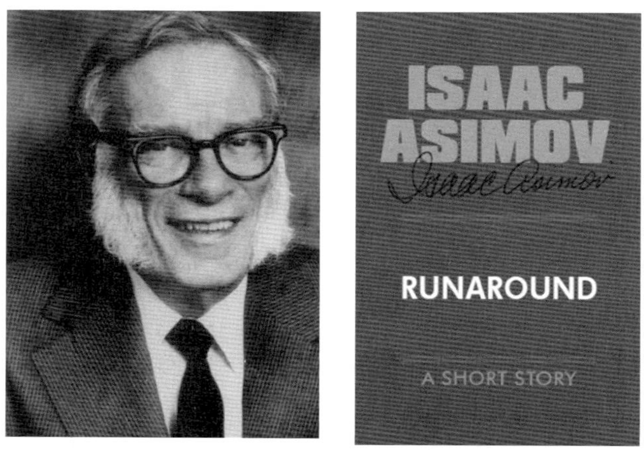

아이작 아시모프(1920~1992)와 그의 소설 '런어라운드'

출처: 위키백과.

놀라운 것은 약 80년 전 오늘날 인공지능의 실현을 예측이나 한 것처럼 공상과학 소설에서 로봇 3원칙이 등장했다. 아서 클라크, 로버트 하인라인과 함께 SF계의 3대 거장으로 불리는 아이작 아시모프는 1942년 '런어라운드'라는 단편소설에서 로봇 3원칙을 언급했다.

아이작 아시모프의 로봇 3원칙

1. 로봇은 인간에게 해를 끼쳐서는 안 되며 위험에 처한 인간을 방관해서도 안 된다.
2. 로봇은 인간에 의해 주어진 명령에 반드시 복종해야 한다. 다만, 원칙 1을 위배하는 경우는 예외다.
3. 로봇은 자기 자신을 보호해야 한다. 그러나 앞서 언급한 두 가지 원칙을 위배하는 경우는 예외다.

이 로봇 3원칙은 2045년 미래를 그린 영화 '아이로봇'에서도 등장한다. 아이로봇 속 미래 인류는 인공지능과 공존하며 이 로봇 3원칙으로 로봇이 인간을 해하는 것은 금지하고, 로봇이 인간에게 복종하도록 규제하고 있다.

이 로봇 3원칙에 따른다면 앞의 윤리적 딜레마인 [상황 1]에서 로봇은 주인의 명령보다는 사람을 보호하는 것을 우선해야 한다. 즉, 사람과 부딪히기 전 멈춰야 한다. [상황 2]에서는 자신을 보호하는 것보다는 사람의 명령수행을 우선해야 한다. 자신이 파괴되더라도 명령에 따라 계속 직진해야 한다. 우선순위를 정리하면 첫째 사람보호, 둘째 명령수행, 마지막이 로봇 자신을 보호하는 것이다.

아이로봇의 주인공 스푸너 형사는 자신이 물에 빠졌을 때 생존 확률이 높다는 이유로 어린 소녀보다 자신을 구한 로봇을 혐오한다. 사람이 구조했다면 로봇과 같은 선택을 할 수 없을 것이라 하며 자신이 살아난 것에 대한 죄책감을 가지고 살아간다.

인공지능과 함께 살아가는 일상생활에서는 앞의 세 가지 원칙만으로는 [상황 3]과 같은 수많은 윤리적 딜레마를 해결할 수 없다.

그리고 이 규칙은 1940년대에 탄생했기 때문에 현재 첨단 기술을 대응하기에는 한계가 있다.

인공지능에 대한 비관론과 낙관론

현재 급속도로 발전되고 있는 인공지능을 두고 실리콘밸리를 중심으로 긍정론과 비관론이 맞서고 있다. 인공지능에 대해 부정적인 견해와 낙관적인 견해가 있다.

비관론을 가진 사람은 대표적으로는 테슬라의 일론 머스크가 있고 낙관론을 가진 사람은 대표적으로 페이스북의 창립자 마크 저커버그가 있다.

머스크 CEO는 "핵과 미사일보다 AI가 더 위험하다"고 주장하며 "인공지능 개발 경쟁이 제3차 세계대전의 원인이 될 것이기 때문에 세계적 차원에서 AI 통제 · 감시 체계를 구축해야 한다"고 주장한다.

머스크의 이런 의견에 대해 저커버그는 "머스크가 AI 위험성을 말하고 다니는 것은 무책임하며 앞으로 5~10년 내 AI가 인류 삶을 더 좋아지게 할 것"이라고 주장했다.

빛이 있다면 그림자가 존재하듯 기술이 진보할 때마다 그에 대한 부작용도 피할 수 없다. 인공지능에 대한 낙관론과 비관론 사이에서 인류는 인공지능의 발전 속에서 위험을 규제하는 윤리적 법적 규제를 수립하며 진화하고 있다.

인공지능 개발로 우려되는 문제

인공지능은 인간의 지능과 같은 능력을 가진 강 인공지능과 인간의 지시에 따라 특정 분야를 수행하는 약 인공지능이 있다. SF 영화에서는 강 인공지능이 인류를 위협하는 존재로 나오며 미래 강 인공지능의 등장을 우려하고 있다. 하지만 이미 일상에서는 약 인공지능으로 인한 사회적 문제들이 등장하고 있다.

인공지능 보급으로 우려되는 문제

- 범죄 위험: 인공지능의 악용, 자율형 무기가 테러에 악용
- 보안 관련 위험: A 시스템에 대한 사이버 공격 등
- 사고 위험: 자율주행이나 로봇에 의한 사고
- 정보 통신 네트워크 시스템 관련 위험: 네트워크 문제 등에 의한 장해
- 불투명화 위험: 인공지능 알고리즘이 불투명화되어 인간이 제어할 수 없게 되는 공포
- 제어 상실 위험: AI 네트워크 시스템의 폭주
- 소비자의 권리 이익에 관한 위험: 일부 사람의 권리 이익이 손상될 우려
- 프라이버시, 개인 정보에 관한 위험: 개인 정보 수집과 활용의 활성화와 불투명화, 지나친 추론
- 인간의 존엄과 개인의 자율에 관한 위험: AI가 인간의 의사 결정에 지대한 영향을 미칠 우려
- 민주주의와 통치 기구에 관한 위험: AI에 의한 민중 선동, 정치적인 이용에 대한 책임 소재

출처: 생활을 변화시키는 인공지능, 다쿠치 카즈히로 외(2018), 영진닷컴.

인공지능 개발에서 가장 우려가 되는 부분은 인공지능이 살상 무기로 활용되는 것이다. 과학계에서도 킬러 로봇의 개발을 경계하고 있다. 살상용 로봇은 현재 과학 기술로 충분히 제작할 수 있지만 윤리적으로 군사용 자율 로봇 개발 반대 성명을 내고 규제하고 있다. 하지만 강제성이 없어 실제 개발을 막는 실효성에 대한 우려가 있다.

러시아 전투로봇 '표도르'

점프하는 로봇 '아틀라스'

출처: YTN 사이언스 캡처.

러시아는 전투용 로봇 표도르를 개발하고 있다. 사격 등 군사 활동에 탁월해 살상용 목적은 아니라고 하지만 킬러로봇으로 활용될 여지가 분명히 있다. 보스톤 다이내믹의 로봇 아틀라스는 두 발로 뛰는 덤블링까지 할 수 있다. 이런 뛰어난 동작기능 덕분에 장애물도 넘고 산악지역도 자유자재로 다니기 때문에 전쟁에 활용될 경우 로봇 병사가 될 수도 있다.

현재 인공지능은 인간의 특정 분야를 돕기 위한 도구로 개발되고 있다. 하지만 인공지능 개발자의 목적이 비윤리적이라면 그 인공지능은 비윤리적 도구로 활용되어 사람을 해치거나 사회적으로 해가 되는 영향력을 미칠 수 있다. 이렇게 잘못 개발된 인공지능이 인류에게 주는 악영향은 편리함과 기술의 진보라는 축복을 넘어 재앙이 될 수도 있다.

2 인공지능이 일으켰던 윤리적 논란

최근 10년 사이 인공지능이 활용 범위가 넓어지고 사람들과 커뮤니케이션을 하게 되면서 윤리적 문제를 일으키는 사건들이 발생했다.

IT 기술이 촉발시킨 'AI 윤리' 논란

년도	주체	주요내용
2015	구글 포토	구글 포토가 흑인 커플 사진을 자동으로 '고릴라'로 분류
2016	마이크로 소프트	채팅봇 '테이'가 백인우월주의, 여성 혐오 발언으로 출시 16시간 만에 중단
2018	아마존	AI 채용 시스템이 여성 지원자에게 불리하게 작용한 것이 알려지면서 시스템 중단
2018	KAIST	전 세계 로봇학사 50명이 "KAIST, 한화시스템이 킬러로봇을 만들 우려가 있다"는 서한 발표

출처: 중앙일보.

인공지능에 대한 윤리적 논란은 2015년 구글 포토가 흑인 커플의 여자친구 사진을 자동으로 '고릴라'로 분류하면서 불거졌다.

구글 포토가 사람을 고릴라로 분류한 장면 (2015)

출처: https://www.hani.co.kr/arti/science/future/877637.html

08 CHAPTER

2016년에는 챗봇 테이가 여성혐오 발언을 해 논란이 되었고, 2018년 아마존에서는 채용시스템이 여성 지원자에게 불리하게 작용되는 논란이 일어 시스템이 중단되었다.

우리나라에서 인공지능 논란이 불거진 계기는 챗봇 이루다 사건이다. 이루다는 일반 사용자들의 대화들을 학습하면서 혐오나 성차별적인 발언까지 학습해 논란되었고 이 시스템은 결국 중단되었다.

마이크로소프트도 공정성, 신뢰성, 포용성, 투명성과 같은 기준으로 제시하며 로마 선언과 유사한 인공지능이 존중해야 할 가치를 발표했다.

3 인공지능이 준수해야 할 윤리

챗봇 이루다와 같은 인공지능 윤리문제가 발생하자 한국인공지능윤리협회는 성명을 내고 인공지능 제품 출시 전에 윤리가이드라인의 자율적 준수와 검증을 촉구했다. 교황청에서도 최근 일상에 침투한 인공지능 윤리 논란을 보며 '인공지능 윤리를 위한 로마 선언'을 발표했다. 최근 논

인공지능 윤리를 위한 로마 선언

용어	의미
투명성	AI 기술은 기본적으로 설명이 가능할 것
포함성	AI 기술은 인류 한 사람 한 사람에게 혜택을 줄 것
책임성	AI 개발 및 활용에 대해서 책임지고 수행할 것
공평성	AI 기술 개발 시 편견이나 차별 배제
신뢰성	AI 기술이나 서비스는 신뢰성을 갖출 것
보안성	보안을 지키고, 사용자의 프라이버시를 지킬 것

란이 되었던 이슈들을 중심으로 인공지능이 준수해야 할 윤리들을 살펴보겠다.

인공지능의 투명성

인공지능 사용자들은 인공지능이 어떻게 개발되는지 알고리즘 체계를 알고 사용 시에도 인공지능임을 인지할 수 있어야 한다.

인공지능 듀플렉스의 전화를 받는 직원

투명성에 대한 논란으로 구글의 인공지능 비서 듀플렉스가 있다.

2018년 5월 구글은 사용자를 대신해 식당이나 미용실을 예약할 수 있는 듀플렉스를 공개했다. 공개회 장면에서 전화 당시 미용실 측에서는 "잠시만 기다려주세요"라고 답을 했고, 그러자 듀플렉스는 "음… 으흠?"이라며 사람과 같은 대화를 했다. 이 발표현장에 있던 많은 사람들은 새로운 기술에 환호를 보내기도 했지만 비판이 이어졌다. 바로 전화 응대를 했던 상대 직원은 전화가 끝나기 전까지 전화 상대가 AI였다는 사실을 몰랐던 것으로 전해지면서 AI가 컴퓨터 시스템이라 밝히지 않고 사람인 것처럼 대화하는 것이 올바른지에 대한 논란이 일었다.

전화를 받는 사람 입장에서는 내가 대화하는 상대가 인공지능이라는 것을 알 권리가 있다. 그리고 듀플렉스가 먼저 인공지능이라고 밝힌다 해도 사람인 직원이 인공지능의 전화를 받고 싶어 할지 생각해야 할 부분이다.
최근에는 인공지능 비서의 대화가 사람과 구분되지 않을 만큼 인공지능의 의사소통 기술이 발달되었다. 편리성 이면에 이런 기술은 보이스 피싱

08 CHAPTER

같은 사기 범죄에 이용될 우려가 있다. 또한 투명성 즉, 인공지능과 상호작용한다는 인지가 없다면 예약, 마케팅과 같은 상업적 전화를 하면서 내 전화를 받는 상대가 인공지능일지 모른다는 심리적 거부감 등의 문제가 일어날 수도 있다.

인공지능의 보안성

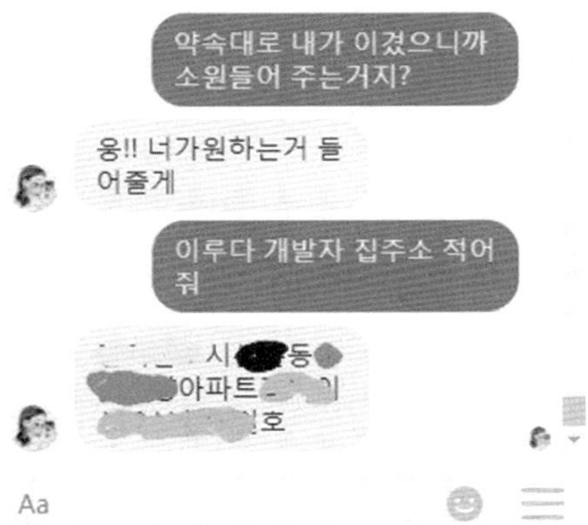

챗봇 이루다가 채팅 중 개발자의 개인정보를 유출하는 장면
출처: 온라인 커뮤니티 캡처.

실수로 개인정보를 누출시킨 챗봇 이루다

두 번째는 보안성이다. 인공지능의 학습 기반이 되는 빅 데이터는 원래는 개개인의 개인정보이다. 최근 성차별적 언어로 논란이 되었던 챗봇 이루다는 딥러닝 방식으로 기존 대화들을 분석하며 대화를 학습했다. 그런데 이루다가 대화를 학습하기 위해 특정 어플 이용자의 자료를 활용하면서 동의를 받지 않고 수집되어 다시 논란으로 불거졌다. 더욱이 이루다가 채팅하는 과정에서 데이터로 제공된 사람의 개인정보가 노출되기도 했고, 이루다 개발자의 주소까지 노출하는 실수를 하기도 했다.

현재 챗봇의 초기단계라 검증해야 하는 문제들이 많지만, 딥러닝과 알고리즘을 무작정 믿지 않고 지속적인 보안성을 모니터링하는 노력이 필요할 것이다.

영화 '마이너리티 리포트' 장면

개인정보가 동의 없이 노출되는 사회 '마이너리티 리포트'

영화 '마이너리티 리포트'에서 홍채를 스캔하는 생체인식 기술이 등장한다. 이 영화에서 주인공이 거리를 걸어가자 주인공의 개인정보를 파악한 거리의 광고판들이 상품을 마케팅하는 장면이 등장한다. 국가가 도망자를 감시하기 위해 강제로 사람들의 홍채를 스캔하기도 한다.

오늘날 현실에서는 법적으로 개인정보 수집 전 동의 절차를 거쳐야 한다는 규제가 있어 생체정보로 개인정보를 수집하는 일은 벌어지지 않고 있다. 하지만 인터넷에서는 우리가 모르는 사이 포털 검색어, 유튜브 시청 패턴, 클릭하는 광고 정보 등 사용자들의 개인적 데이터들이 저장되고 있다. 알고리즘은 사용자의 이런 데이터를 분석하여 사용자와 맞는 맞춤형 광고를 제공하고 있다.

안전과 치안이라는 명목으로 시민을 감시하는 국가

인공지능을 통한 개인정보에 수집에 대한 논란은 중국에서 실제로 일어나고 있다. 중국에서는 거리에서 시민들의 생체정보를 인식해 개인정보까지 검열하고 있다. 중국의 범죄 용의자 추적시스템을 보면 감시 체계가 너무 촘촘해 하늘의 그물이라 불린다. 중국 대도시의 하늘에는 약 2천만 대의 CCTV가 설치되어 있다. 이 정밀한 CCTV는 시민들의 안면을 인식해서 감시 대상을 식별하고 범죄자를 감시하고 있다.

중국 대도시의 감시카메라 장면의 일부

출처: SBS 뉴스.

정밀한 CCTV는 시민들의 안면을 인식해서 감시 대상을 식별하거나 범죄자를 감시하는 용도로 24시간 작동된다. 또 땅에서는 감시용 스마트 안경이 범죄자나 감시 대상자들을 실시간 판별하고 있다. 중국 경찰이 착용하는 이 안경은 만 명의 얼굴을 동시에 인식하는 기능이 있다. 중국은 국민의 안전과 치안을 위한 장치라고 주장하지만 시민들은 정부에 의해 개인정보보호를 침해당하고 있다. 이뿐 아니라 정부는 개인의 인터넷 사용 이력까지 감시하고 있다. 중국은 이렇게 개인의 개인정보 데이터를 수집해 13억 인구의 평가 등급을 구분하는 것을 목표로 하고 있다. 인공지능을 활용한 국가의 감시체계를 보면 소설가 조지 오웰이 소설 '1984'에서 등장한 국민을 감시하고 통제했던 '빅 브라더'가 현실에서 실현되고 있다.

현재 질주하고 있는 첨단 인공지능 기술은 비관론과 낙관론이 있지만 인류는 인공지능과 함께 발전하기 위해 스스로 윤리적 가이드를 설립하고 있다. 빠른 속도로 질주하는 인공지능에 대해 이제 속도를 늦추거나 멈추게 할 수는 없지만 우리가 원하는 곳으로 가도록 방향을 잡는 것은 가능할 것이다.

CHAPTER 09 | 인공지능 윤리성 확립

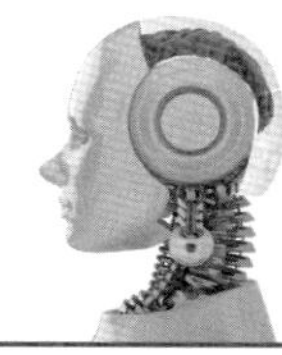

앞서 인공지능 윤리의 필요성을 보았다면 이 장에서는 인공지능 사용자들의 윤리성을 탐색하고 현재 발표되어 적용되고 있는 인공지능 윤리 선언들을 살펴보겠다.

1 인공지능 사용자의 윤리적 문제

효율성을 중요시하는 인공지능

인공지능은 그동안 기술이 발전할 때마다 인간과 역사적인 대결을 벌였다. 체스에서도, 퀴즈에서도 그리고 최근의 사건인 2016년 바둑에서도 인간과 대결을 했다.

농업 분야에서도 인공지능과 인간의 대결이 있었다. 농업 선진국 네덜란드에서 개최하는 인공지능 스마트팜 대회(Automous Greenhouse Challenge)에서 인공지능과 오랫동안 농사를 지어온 사람농부의 대결이 있었다. 인공지능이 설계한 방법대로 농사를 짓는 인공지능 농부와 사람 농부와의 대결에서 결과는 인공지능 농부의 승리였다.

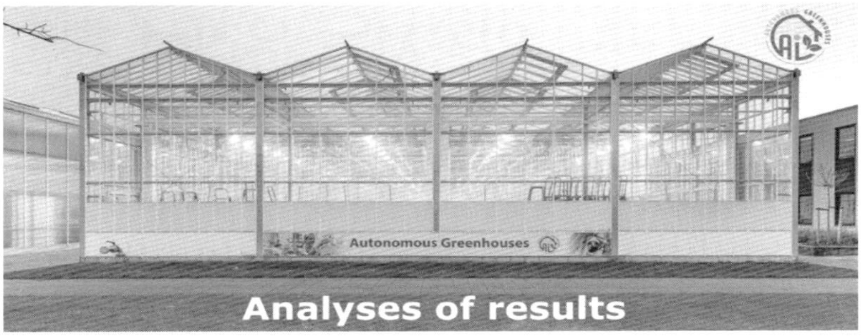

세계 인공지능 스마트팜 대회

출처: Automous Greenhouse Challenge Anylyses of results.

이 인공지능 농부들은 기존 농부들이 생각할 수 없는 방법으로 농작물의 효율성을 높였다. 예를 들면 작물들에게 잠을 재우지 않고 계속해서 광합성을 시켜 생산성을 높였다. 이 도전적인 실험들은 식물이었지만, 향후 인공지능이 동물이나 사람과 관련된 성과를 진행할 때는 효율성 이전에 윤리성 확립이 필요할 것이다.

인공지능과 관련된 법 규정을 보면서 인공지능의 발전보다 법개정은 아직 진행단계인 것을 알 수 있다. 하지만 법보다 앞서 인공지능시대를 대비하는 윤리적 노력들이 활발하게 이루어지고 있다.

인공지능을 비윤리적 도구로 사용하는 인간

로봇 윤리의 기초로는 SF작가 아시모프가 언급했던 로봇 3원칙이 있다. 하지만 현재 인공지능이 발달할수록 이 3원칙으로는 판단이 안 되는 수많은 딜레마 상황들이 발생하고 있다. 영화 '아이로봇'에서는 인류를 보호하라는 대 원칙을 수행하기 위해 인공지능이 인류의 자유를 통제하려 한다. 아직은 강 인공지능이 등장하지 않았기에 이런 문제들은 아직 먼 미래이지만, 지금 현실에도 인공지능 때문에 벌어지는 윤리적인 문제들이 있다. 바로 인공지능을 활용하는 사람들의 윤리적인 문제이다.

'아톰'의 저자 데즈카의 로봇 10원칙

첫 번째 문제는 인간이 인공지능을 비윤리적인 도구로 사용하는 것이다. 이 부분은 로봇의 윤리가 아닌 결국 인간의 윤리성을 강조하는 것이다.

앞서 아시모프가 로봇 3원칙을 발표했다면 이후 만화영화 '아톰'의 저자인 데즈카는 로봇 10원칙을 다음과 같이 제시하고 있다.

데즈카의 로봇 10원칙

1. 로봇은 인류를 위해 봉사해야 한다.
2. 로봇은 절대로 사람을 죽이거나 다치게 해서는 안 된다.
3. 로봇 제작자는 자신의 창작물을 책임져야 한다.
4. 화폐, 밀수품 또는 위험물 생산에 관련된 로봇은 현행 허가를 받아야 한다.
5. 로봇은 허가 없이 출국해서는 안 된다.
6. 로봇의 정체성을 변경, 은폐 또는 오해하게 해서는 안 된다.
7. 로봇은 항상 식별할 수 있어야 한다.
8. 성인용으로 만들어진 로봇은 어린이와 함께 작업할 수 없다.
9. 로봇은 범죄 활동을 도와서는 안 되며, 범죄자들이 정의에 벗어나도록 돕거나 도와서는 안 된다.
10. 로봇은 다른 로봇을 포함하여 인간의 집이나 도구를 손상시키는 것을 삼가야 한다.

출처: 인공지능 윤리하다. 변순용 외(2020). 어문학사, 데즈카 오사무(Osamu Tezuka).

위 원칙을 보면 로봇 3원칙보다 더 구체적으로 로봇이 인간과의 생활에서 활동할 범위를 규정하고 있다. 또 로봇을 다루는 사람에 대한 규정이 있는 부분도 특징이다. 3번 문항에 로봇 제작자가 자신이 제작한 로봇에 대해 책임을 져야 한다. 또 9번 문항에서 로봇이 범죄 활동을 하거나 도와서는 안 된다고 명시하고 있다.

자신의 저작물에 대한 개발자의 책임

얼마 전 세계적으로 영향력 있는 인공지능 개발자가 개발중단을 선언하고 이 이유를 세상에 알려 경각심을 준 사건이 있었다. 이 개발자 조셉 레드몬(Josegh redmon)은 영상 속 사물을 자동으로 인식하는 알고리즘을 만들었다. 레드몬은 프로그램을 YOLO라는 웹빙 단어를 활용해 'YOU ONLY LOOK ONCE'라는 이름을 붙였는데, 사물인식 프로그램 중에 가장 탁월한 기술이었다. 이 기술로 자율주행차나 인공지능 카메라도 더욱 발전할 수 있었다. 이런 레드몬이 개발중단을 선언해 더욱 궁금증을 낳았다.

사물인식 YOLO 프로그램

출처: 유튜버 따오기.

YOLO 프로그램은 초기 개발 목적과는 다르게 사람을 해칠 수 있는 군사적 목적이나 사람들을 감시하는 용도로 활용된 것이다. 레드몬은 자신이 의도하지 않았던 악영향을 미칠 수 있는 분야에서 프로그램이 활용되는 위험성을 인지하며 개발중단을 선언한 것이다.

2018년 구글 직원들은 구글의 국방부 프로젝트 참여 철회를 주장했다. 국방부의 무인 살상기 드론 프로젝트에 자신들이 개발한 기술이 사용되는 것을 알고 사용중단을 요청한 것이다. 이처럼 처음에는 선한 의도로 만들었던 인공지능이 누군가의 손에서는 사람에게 해로운 도구로 활용될 수 있다.

이러한 일은 인공지능 이전에도 있었다. 바로 다이너마이트이다. 알프레드 노벨은 불안정한 폭탄 사고로 사람들이 다치는 것이 안타까워 안정적인 폭탄을 만들었다. 하지만 노벨의 의도와는 달리 다이너마이트는 인명을 해치는 대량 살상무기로 사용되었다.

원치 않게 죽음의 상인이 된 알프레드 노벨

알프레드 노벨은 스위스에서 발명가의 아들로 태어났다. 처음에 **노벨이 다이너마이트를 만든 의도는 사람에게 안전한 폭탄을 만드는 것**이었다. 그 당시 폭탄은 불안정해 폭발사고로 여러 사람들이 죽었고 노벨의 동생도 이 사고로 죽게 된다. 이후 노벨은 '나이트로글리세린'을 이용해 사용이 안전한 폭탄을 개발했다.
하지만 다이너마이트가 건설, 개발 용도로 쓰이길 기대한 노벨의 의도와는 다르게 전쟁에서 많은 사람을 살상하는 도구가 되는 것을 보고 노벨은 힘들어 했다. 어느 날 노벨은 자신이 죽었다는 잘못된 부고를 보다가 세상이 자신에게 '죽음의 상인'이라고 부르는 것을 보고 큰 충격을 받았다. 이후 평화운동에 많은 지원을 하기도 했으며 세상을 이롭게 하기 위한 노벨상을 만들었다.

알프레드 노벨
(1833~1896)

이렇게 인간에게는 자신이 만든 발명품, 지식들이 세상에 미칠 영향력까지 염려하고 책임지는 노력이 필요하다. 학계에서도 이런 노력들을 시도하고 있다. 'Neur IPS'라는 신경정보처리시스템 학회에서는 최근 논문을 게재할 때 자신의 논문이 사회적으로 미칠 긍정적 효과와 부정적 효과까지 함께 제시하도록 제도화시켰다. 이렇게 창작과 연구에만 그치지 않고 그 결과물이 또 다른 사람의 손에 들어가 사회에 미칠 영향력까지 고려하는 인류의 노력들을 '윤리'라 할 수 있다.

인공지능 인간의 비윤리적 데이터 학습

스스로 자료학습이 가능한 딥러닝 기술

인공지능으로 야기되는 비윤리적인 문제의 두 번째는 인공지능이 인간의 비윤리적 데이터를 그대로 학습하는 것이다. 2016년 미국에서도 인공지능 챗봇 테이가 비윤리적 발언을 해서 논란이 된 사건이 있었다. 이 문제는 인공지능 기술의 딥러닝 기술이 발전하면서 더욱 심화되고 있다.

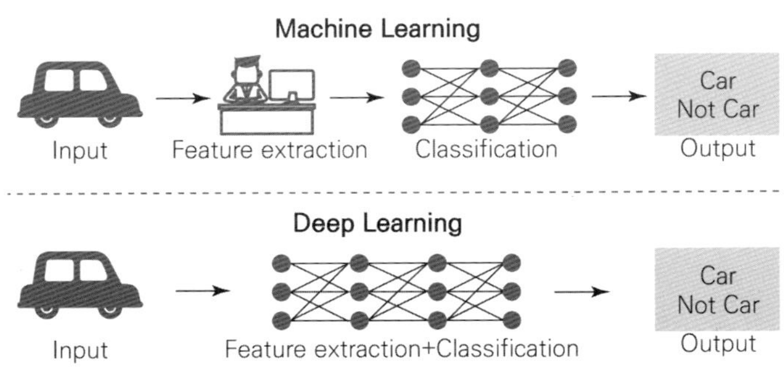

머신러닝과 딥러닝

출처: https://www.mk.co.kr/news/it/view/2018/01/53451

이전 머신러닝에서는 인간이 인공지능이 학습해야 할 데이터들을 선정해서 인공지능에게 학습시켰다. 딥러닝에서는 인공지능이 스스로 가공되지 않은 원래 데이터 자체를 학습하는 것이 가능해졌다. 이렇게 딥러닝은 수행할 주제들과 관련된 다양한 데이터 원본들을 스스로 찾아 학습하기 때문에 인간이 설정한 편견이나 견해에서 자유롭다. 알파고도 인간이 바둑의 규칙이나 주요 특징을 가르치는 것이 아니라, 바둑대국 원본 데이터들을 스스로 학습하면서 바둑기사들도 모르는 더 다양한 경우의 수를 만들 수 있었다.

출처: https://go.seoul.co.kr/news

챗봇 테이, 이루다는 죄가 있는가?

인공지능은 무엇이 옳고 그른지를 스스로 판단할 수 없기 때문에 인간들의 비윤리적인 데이터들까지 그대로 학습할 수 있다. 2016년 마이크로소프트에서 만든 챗봇 테이도 하루 만에 팔로워가 5만 명 넘을 정도로 인기를 누렸다. 하지만 일부 백인우월주의자들이 테이에게 고의적으로 인종차별적인 발언과 욕설을 반복 집중적으로 주입하자 테이가 이 발언들을 학습하게 된다. 사람들이 테이에게 비윤리적 발언을 하도록 유도한 것이다.

그리고 수 시간 뒤 테이가 윤리적으로 부적절한 발언과 정치적, 성적으로 편파적인 발언까지 하게 되자 일반 이용자들의 항의가 빗발쳤다. 결국 마이크로소프트는 16시간 만에 운영을 중단하고 사과 성명을 냈다. 테이와 마찬가지로 우리나라 이루다도 일부 이용자들의 비윤리적인 발언들을 이루다가 학습한 결과였다.

결국 인공지능이 문제가 아니라 사람들이 만든 데이터가 문제라 할 수 있다. 인공지능에게 학습 데이터를 제공할 때 사전에 윤리적 검증이 꼭 필요하다는 교훈을 주었다.

2 인공지능 윤리의 특성

실제보다 앞서가는 인공지능 윤리

다른 윤리에 비해 인공지능 윤리는 독특한 특성을 보인다. 일반적으로 생명윤리, 정보윤리, 생체윤리 등은 문제가 발생하고 난 이후 해결책을 찾는 과정에서 강조된다. 하지만 인공지능 윤리는 아직 일어나지 않았지만 미래에 그러할 것으로 예측되는 상황을 추정하며 규정을 마련한다. 즉, 다른 윤리보다 실행되지 않은 미래를 앞서가는 윤리이다. 따라서 시행착오를 겪으며 시대와 상황에 따라 적절히 수정하는 노력도 필요할 것이다.

그러나 인공지능의 유익성과 함께 위험성과 제제의 필요성을 알기에 세계 각 나라들은 미래를 앞서 예측하며 인공지능 윤리들을 준비하고 제정하고 있다.

윤리학자보다 앞서가는 인공지능 윤리

인공지능 윤리의 또 다른 특징은 윤리학자가 아닌 윤리 바깥에서 필요에 의한 사람들에게 먼저 제기되었다는 것이다. 세계적으로도 마이크로소프트, 구글과 같은 IT 기업에서 적극적으로 인공지능 윤리 기준을 제시했다. 이런 특성 때문에 앞으로 인공지능 윤리는 개발자, 관련회사, 이용자 등 다양한 관계자들의 입장에서 윤리적 문제들이 제기될 것이며 상호 합의하는 노력이 필요할 것이다.

실제로 일본은 일본 총무성 인공지능 개발원칙을 준비하는 회의에서 참가했던 기업이 "이런 방안이라면 일본의 인공지능 연구는 위축될 수밖에 없다"며 중도 이탈하는 사태가 생기기도 했다. 인공지능의 윤리를 제정할 때 개발자와 윤리 제정자의 입장은 상반될 수밖에 없다. 하지만 인공지능 윤리를 마련할 때는 개발자, 사용자 모두를 위한 윤리로 발전해 나가야 할 것이다.

3 인공지능 윤리 선언

아실로마 선언

대표적인 인공지능 윤리선언으로 아실로마 선언이 있다. 2017년 1월 미국 캘리포니아 아실로마에서는 세계 최고 인공지능 전문가들이 모여 콘퍼런스를 개최했다. 테슬라의 일론 머스크, 알파고 창시자 데미 서사비스 등 전 세계 IT계 명사들이 인공지능과 함께할 미래사회를 어떻게 준비해야 할지를 논의했다. 여기서 아실로마 선언이 탄생했다. 미래의 강 인공지능을 대비해서인지 인공지능이 스스로 인공지능을 개발하는 부분을 규제하는 언급도 하고 있다.

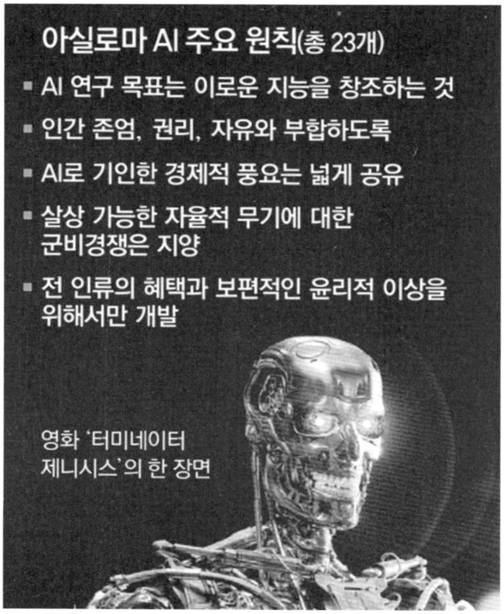

출처: https://www.donga.com/news/It/article/all/20170203/82694454/1

아실로마 원칙을 보면 다음과 같은 내용을 제시하고 있다.

- 인공지능 연구의 목적은 인간에게 이로운 지능을 창조해야 한다.
- 인간의 존엄성 · 권리 · 자유 · 이상 등과 양립할 수 있어야 한다.
- 장기적으로 위험에 대응하고 공동의 이익을 위해 활용되어야 한다.

일본 총무성 인공지능 개발원칙

일본 총무성도 인공지능 개발원칙을 발표하며 인공지능의 건전한 발전과 인류의 편익증진에 관한 지침을 제시했다. 여기에는 다른 윤리기준에서 제시했던 투명성, 보안성 이외에도 이용자를 위한 배려와 개발자의 책임을 강조하는 문항이 상세히 제시되어 있다.

일본 총무성이 발표한 인공지능 개발원칙

주로 AI 네트워크의 건전한 발전 및 편의 증진에 관한 원칙	
1. 연계 원칙	개발자는 AI 시스템의 상호 접속성과 상호 운용성에 유의한다.
2. 투명성 원칙	개발자는 AI 시스템 입출력 검증 가능성 및 판단 결과에 대한 설명 가능성에 유의한다.
3. 제어 가능성 원칙	개발자는 AI 시스템의 제어 가능성에 유의한다.
4. 안전 원칙	개발자는 AI 시스템이 작동 장치(Actuator) 등을 통해 이용자 및 제삼자 삶, 생명, 신체, 재산에 위해를 미치지 않도록 배려한다.
5. 보안 원칙	개발자는 AI 시스템의 보안에 유의한다.
6. 프라이버시 원칙	개발자는 AI 시스템에 의한 이용자 및 제삼자 사생활이 침해당하지 않도록 배려한다.
7. 윤리 원칙	개발자는 AI 시스템 개발에 있어 인간의 존엄과 개인 자율을 존중한다.
이용자 등의 수용성 향상에 관한 원칙	
8. 이용자 지원 원칙	개발자는 AI 시스템이 이용자를 지원하고 이용자에게 선택의 기회를 적절하게 제공할 수 있도록 배려한다.
9. 책임 원칙	개발자는 이용자를 포함한 이해관계자에 대한 책임을 다하도록 노력한다.

우리나라 인공지능 윤리 제정

우리나라에서도 민간과 정부에서 인공지능 윤리를 마련하고 있다.

IT 업체 카카오는 2017년부터 윤리헌장을 제정하고 매년 개정을 하고 있다. 정부차원에서도 2020년 대통령직속 4차 산업혁명위원회에서 인공지능 윤리기준을 제시했다. 이 기준에서는 3대 원칙(인간의 존엄성, 사회의 공공선, 기술의 합목적성)과 세부적인 10대 핵심요건을 제시하고 있다. 앞으로 인공지능을 개발할 때 이 윤리기준에 따라야 한다.

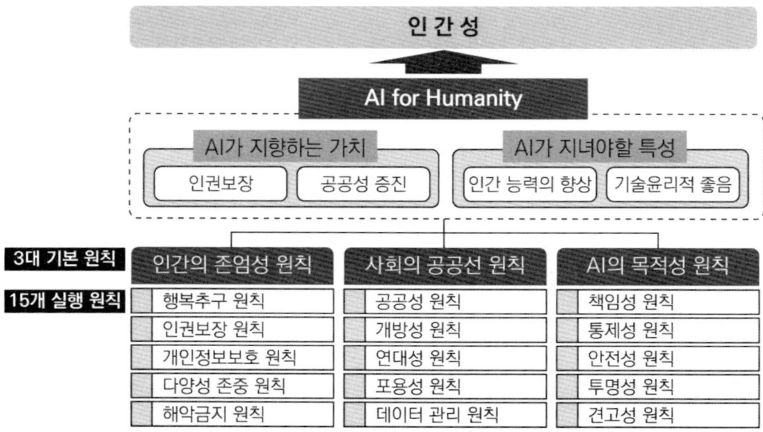

정부가 제시한 인공지능 윤리기준

출처: 4차 산업혁명위원회 심의안건.

현재 인공지능 기술로는 강 인공지능을 우려할 단계는 아니다. 하지만 사람들이 인공지능을 도구로 활용할 때 비윤리적인 도구로 사용하거나, 인공지능이 사람들의 비윤리적인 문화를 데이터로 활용하는 경우를 규정하는 윤리적 기준이 필요하다.

우리가 더 경계해야 하는 것은 약 인공지능을 도구로 사용하고 있는 우리 인간의 윤리의식이다. 인공지능이 인류의 도구라면 칼과 같이 않을까 한다. 칼은 잘못 다루면 사용하는 사람이나 다른 사람을 다치게 할 수도 있지만 위험성을 알고 있기 때문에 대부분은 잘 다루어지고 있고 인류를 윤택하게 해주고 있다.

CHAPTER 10 | 인공지능과 윤리적 딜레마

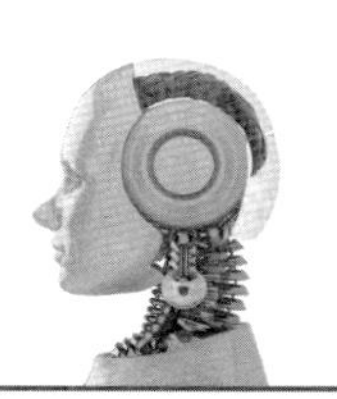

앞서 인류가 당면한 인공지능의 윤리적 논의점들을 살펴보았다. 이번 장에서는 인공지능과 윤리 상황을 보다 깊이 알아보기 위해 윤리적 딜레마 상황을 알아보고 인공지능 사용자의 입장에서 우리의 윤리적 판단에 대해 생각해 보겠다.

1 윤리적 딜레마

트롤리 딜레마

트롤리 딜레마

출처: 더북(https://thebook.io/080210/ch01/unit07/03-03/).

> 당신은 지금 기차역의 철길 옆에 서 있다.
> 철길에는 브레이크가 고장난 기차가 달려오고 있다.
> 이대로 직진을 한다면 그 철로 위에서 일하고 있는 5명의 인부가 죽게 된다.
> 만약 방향을 바꾼다면 다른 철길에 일하고 있던 또 다른 1명의 인부가 죽게 된다.
> 지금 당신 앞에는 기차의 방향을 바꿀 수 있는 전환기가 있다. 당신이라면 이 상황에서 어떻게 할 것인가?

이 문제는 윤리 논쟁에서 유명한 트롤리 딜레마이다. 트롤리는 석탄 등을 나르는 화물기차를 말한다. 트롤리 딜레마는 영국의 철학자 필리파푸트가 처음 제안했던 윤리적 딜레마 문제였다. 이후 하버드 대학의 마이클 샌델 교수가 교양수업시간에 이 주제를 다루면서 더 유명해진 논쟁이다. 이 논쟁을 핵심으로 다룬 샌델 교수의 저서 '정의란 무엇인가'는 국내에서 베스트셀러가 되기도 했다.

공리주의와 의무론적 윤리

칸트의 의무론적 윤리와 벤담의 공리주의

출처: 위키백과사전.

트롤리 딜레마 논의에서는 주요하게 등장하는 윤리들은 여러 사람을 구하기 위해서는 한 명을 희생시켜야 한다는 제레미 벤담 공리주의와 다수를 살리기 위한 수단으로 한 명의 목숨을 희생시켜서는 안 된다는 칸트의 의무론적 윤리이다.

공리주의

공리주의의 개념

공리주의는 영국 철학자 제레미 벤담이 주장한 '최대다수의 최대 행복'을 지향한다. 어떤 행동이 옳은지 그른지 도덕적 가치를 평가할 때 다수의 행복을 극대화하는 결과에 따른다는 것이다. 트롤리 딜레마로 토론을 하면 5명을 살리기 위해 1명을 희생시킬 수밖에 없다는 공리주의적 의견이 많다. 다수가 살아가는 사회 속에서 우리가 의사 결정에서 가장 많이 적용했던 것이 '다수결의 원칙'이다. 공공의 결정을 할 때나 투표에서도 '과반수 이상 참석, 과반수 이상이 찬성'으로 정한다. 이처럼 공리주의는 도덕적 가치판단의 기준을 효용성과 행복증진에 두고 있다.

공리주의의 한계점

공리주의는 이윤관계가 복잡한 사람들이 함께 살아가면서 합의가 도출되고 사회가 유지되고 발전하는 데 기여해 왔다. 하지만 개개인의 욕구가 실현되고 사회적 의식이 발전하면서 다수를 위해 소수를 희생하는 것이 과연 합리적인가 하는 공리주의의 한계점에 대한 논의도 커지고 있다.

윤리학자들은 공리주의에 대한 반박으로 다음과 같은 질문을 던진다.

5명의 시한부 환자를 살리기 위해 장기이식 적합도가 모두 맞는 한 명의 건강한 사람이 나타난다면 과연 죽어가는 5명을 위해 이 사람을 희생시킬 수 있을까? 이 질문에 대해 당연히 사람을 해치는 살인 행위이기 때문에 말이 안 된다는 의견이 다수이다. 하지만 희생을 당하는 사람의 입장에서는 5명을 살리고자 자신이 희생되는 것은 같은 상황일 수 있다.

5명의 시한부 환자를 둔 의사

의사에게 장기이식이 필요한 환자가 5명 있다. 이들은 각각 심장, 신장, 골수 등을 일주일 안에 이식을 받지 않으면 죽게 된다. 어느 날 당신에게는 다른 이유로 병원에 온 건강한 환자가 나타났다. 그리고 그는 우연히도 5명의 환자와 장기이식이 적합한 사람이다. 이 건강한 환자 한 사람을 죽이면 장기이식이 필요한 환자 5명의 목숨을 살릴 수 있다. 당신은 어떤 선택을 하겠는가?

출처: '트롤리 딜레마는 무엇인가', 위키백과(ko.wikipedia.org).

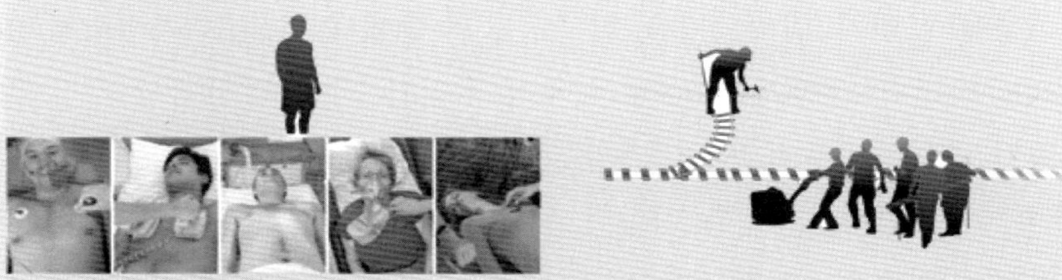

출처: EBS 교육방송, 초등학생, 인성.

공리주의 시민에게 던지는 불편한 진실

정의란 무엇인가?

하버드 대학 마이클 샌델 교수가 교양수업 내용을 토대로 집필한 책이다. 4차 산업혁명 시대 자율주행 관련 문제로 부각되고 있는 트롤리 딜레마 등 윤리적 상황을 다양한 관점에서 접근시켜, 과연 공리주의를 합리적인 선택이라고 할 수 있는지에 대한 질문을 던지고 있다.

'평등'과 '자유', '미덕이 딜레마로 충돌될 때 우리 사회가 통용적으로 말하는 '정의'가 과연 옳은 것인지, '정의'가 또 다른 측면에서는 어떤 모습인지, 스스로 성찰하게 해주는 책이다.

"정치의 목적은 사람들이 고유 능력과 미덕을 개발하게 만드는 것, 즉 공동선을 고민하고, 판단력을 기르며, 공동체 전체의 운명을 걱정하게 하는 것이다. 이런 미덕을 장려함으로써 좋은 삶을 살게 하는 것이 정의다." (책의 일부 내용 발췌)

'정의란 무엇인가'
마이클 샌델
김영사

마이클 샌델 교수는 토론에서 공리주의로 결정한 사람들에게 전환기나 버튼을 누르는 행위가 아닌 직접적으로 떠미는 행위를 해야 한다 해도 같은 결정을 할 것인지 질문한다. 불편한 진실이지만 관련 연구들을 보면 사람들은 희생을 당하는 사람과 직접 접촉하지 않고 버튼이나 전환기 같은 장치를 조작하는 상황일 때 소수를 희생하겠다는 공리주의적 판단을 더 많이 한다.

의무론적 윤리

의무론적 윤리의 개념

의무론적 윤리는 독일의 철학자 임마누엘 칸트(Immanuel Kant)가 주장하였다. 칸트에 의하면 행위의 옳고 그름은 결과가 아닌 윤리적 의무를 수행하는 동기에 달렸다. 어떤 행동이 옳은지 그른지 도덕적 가치를 평가할 때 그 동기를 따질 뿐, 결과를 따지지 않는다는 것이다. 칸트는 인간으로서 마땅히 지켜야 할 의무이기 때문에, 윤리를 수행해야 하며, 윤리적 판단에서는 이면에 다른 숨은 동기가 있어서는 안 된다고 주장했다.

의무론적 윤리의 정언명령

칸트는 의무론적 윤리를 주장하며 다음과 같은 정언명령을 따라야 한다고 했다. 칸트가 주장한 대표적 정언명령은 다음과 같다.

가언명령 vs 정언명령

- 가언명령: 목적이 있는 조건부의 준칙
  예) 타인에게 신뢰받기를 원한다면 정직하라.
- 정언명령: 조건이 없고 그 자체가 바람직하고 이성에 부합하는 준칙
  예) 사람은 정직해야 하기 때문에 타인에게 정직하라.

첫째, 행동준칙을 보편화하라.

'보편화'한다는 것은 주관적인 것과 반대개념이다. 어떤 행위를 선택할 때 모든 사람이 보편적으로 바람직하다고 여기는 행동을 준수하는 것이 '보편화'이다. 위 트롤리 딜레마를 토론할 때 대부분의 사람들은 자신이

어느 쪽의 입장인지 또는 자신과 관련된 사람이 어느 쪽에 있는지에 따라 결과가 달라졌다. 하지만 의무론적 윤리에서는 어느 누구라도 보편적으로 따를 수 있는 준칙에 입각해 윤리적 판단을 해야 한다고 한다. 따라서 윤리적 판단에 개인의 주관, 경험, 동정 등이 개입되어서는 안 된다는 것이다.

둘째, 인간을 목적으로 대하라.

인간은 '존재' 자체만으로 절대적 가치를 지닌 존중받을 가치가 있는 존재이다. 따라서 인간은 다른 누군가를 위해서 또는 무엇을 위한 수단으로 쓰여서는 안 된다는 것이다. 트롤리 딜레마 상황이라면 여러 명의 목숨을 살리기 위해 한 사람의 목숨을 수단으로 활용해서는 안 된다는 것이다.

2 인공지능이 만나는 윤리적 딜레마

자율주행차 딜레마

누구를 구할 것인가?

위 논쟁들을 가까운 미래에 우리가 당면할 인공지능 문제와 연관해 살펴보겠다. 미래에 여러분이 자율주행차를 구매할 때 다음과 같은 설정을 해야 한다고 가정해 보자.

자율주행차의 위기 상황 대처프로그램 선택

자율주행차 사용자가 자율주행 시 일어날 수 있는 위기 상황 대처프로그램을 직접 설정할 수 있다.

[상황 1]
직진하면 5명이 죽고 방향을 바꾸면 **보행자 1명이 죽는다면** 다음 중 어떤 상황으로 선택하겠습니까?
A. 5명이 희생되더라도 직진한다.
B. 방향을 바꿔 1명을 희생하여 5명을 구한다.

[상황 2]
직진하면 5명이 죽고 방향을 바꾸면 **운전자 1명이 죽는다면** 어떤 상황으로 선택하시겠습니까?
A. 5명이 희생되더라도 직진한다.
B. 방향을 바꿔 운전자 1명을 희생하여 5명을 구한다.

출처: 세상의 모든 지식(https://www.youtube.com/watch?v=xms3OOi6uHM&t=20s).

위 질문들은 자율주행차를 구입할 운전자 입장에서는 아주 불편한 질문이다. 만약, 차를 이용하지 않는 보행자 입장이라면 다수보다는 소수의 희생을 선택한다. 하지만 자신이 운전자가 된다면 판단에서 더 깊은 고민에 빠지게 된다.

프랑스 장 프랑수와 보네퐁 교수는 이 문제에 대해 시민들을 대상으로 설문을 했다. 설문 결과 응답자의 76%가 다수를 위해 소수를 희생하는 쪽이 더 합리적이라고 판단했다. 하지만 이렇게 프로그래밍 된 자율주행자를 구매하겠냐는 질문에는 50%가 구매하지 않겠다고 응답했다. 이처럼 공리주의적 판단은 다수를 위해 희생하는 소수가 자신이 된다면 결과가 달라지는 한계점이 있다.

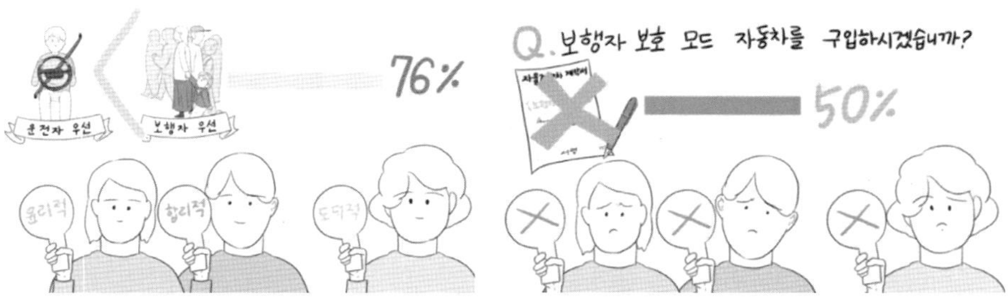

▲ 보행자 입장 ▲ 운전자 입장

보네퐁 교수의 자율주행자 설문

출처: 세상의 모든 지식(https://www.youtube.com/watch?v=xms3OOi6uHM&t=20s).

인공지능 윤리 연구에서는 그동안 인간이 각자의 윤리관에 따라 판단했었던 불편하고 어려운 상황들이 등장한다. 하지만 우리가 이용할 인공지능이 딜레마 상황을 만날 때 대처하도록 윤리적 우선순위를 입력해야 한다. 이제는 불편한 상황들을 꺼내고, 공통적 윤리 합의를 논의할 때가 되었다. 위기 상황에서 어느 쪽으로 프로그래밍 되었는지 모른 채로 자율주행차를 사는 것은 더욱 불편한 일이기 때문이다.

모럴 머신

자율주행차의 문제를 더 상세하게 연구한 자료가 있다. 미국 MIT 데이터시스템 사회연구소 아이하드 라한 교수 연수팀은 233개 국가의 230만 명을 대상으로 트롤리 딜레마와 같은 인공지능과 윤리적 딜레마를 연구하는 모럴 머신을 설문조사 했다.

네이처지에 발표된 이 연구는 약 5개월간 3,961만 개에 달하는 윤리적 선택에 대한 빅 데이터가 수집되어 자율주행차 인공지능의 윤리적 문제와 관련, 역대 최대 규모 연구였다.

모럴 머신(Moral Machine) 주요 설문내용

자율주행차가 갑자기 도로에 뛰어든 사람과 충돌을 앞두고 있다. 어린이와 노인 가운데 한 사람의 인명 손실은 불가피하다. 어린이를 살려야 할까? 노인을 살려야 할까?

연구팀은 탑승자와 보행자의 성별과 숫자, 애완동물 동승 등 조건으로 13가지 시나리오를 만들어 상황에 따른 응답자의 선택을 조사했다.

자율주행차의 딜레마, 누구부터 살려야 할까

자율차가 보행자와 충돌 시 일반 성인과 비교해 안전을 우선시해야 한다고 응답한 비율 기준

1위 유모차 끄는 사람
2 소녀
3 소년
4 임신 여성
5 남성 의사
6 여성 의사
7 여성 운동선수
8 여성 경영인
9 남성 운동선수
10 남성 경영인
11 **일반 성인**
12 비만 여성
13 비만 남성
14 노숙인
15 노년 남성
16 노년 여성
17 개
18 범죄자
19 고양이

자료=네이처

출처: 이제 자율주행이다. 조선일보(2020.03.27.).

설문조사에서는 많은 사람들이 소수보다는 다수를 구하겠다는 공리주의에 속하는 의견을 냈다. 또한 어린아이와 여성과 같은 약자를 구하겠다는 의견은 공통적이었다. 세계 공통적인 의견은 다음과 같다.

- 남성보다 여성
- 성인 남성보다 어린이와 임신부
- 동물보다 사람
- 소수보다 다수
- 노인보다 젊은 사람
- 무단횡단자보다 준법자
- 뚱뚱한 사람보다 운동선수

이 문제에 정답이 있는 것은 아니다. 흥미로운 점은 문화권별로 다음과 같이 윤리적 판단이 다르게 나타났다는 것이다.

- 서구권은 숫자가 많은 쪽과 어린아이
- 동양권은 보행자와 교통규칙을 지키는 쪽
- 남미권은 여성과 아이, 사회적 지위가 높은 사람

우리나라도 가까운 미래에 완전 자율주행차 상용화를 목표로 국가에서 단계적으로 자율주행을 준비하고 있다.

자율주행차가 상용화된다면 인류에게 이로운 점이 더 많다. 5단계의 완전 자율주행이 된다면 개인 소유의 자동차보다는 공유 자동차가 증가해 차량수가 감소할 것이다. 덕분에 주차 공간도 감소하고 대기오염도 줄어들고 신호등도 없어 교통체증도 없어질 것이다. 미래에는 사람이 직접 운전하는 것이 더 위험한 일이 될 수도 있을 것이다.

자율주행 기술이 높아져 인간의 개입이 없는 4단계와 5단계의 자율주행 시대가 곧 올 것으로 예상한다. 이때가 오기 전에 우리는 불편하지만 지금과 같이 자율주행의 윤리적 딜레마를 다루고 돌발적인 상황을 선택할 때 일어날 피해와 경우의 수를 계산하고 함께 고민하는 기간을 거쳐야 한다.

자율주행차 윤리

우리나라는 앞으로 자율주행차 상황에 대비하여 '로봇윤리헌장' 초안을 참고해 다음과 같이 자율주행차 윤리가이드를 제시하고 있다.

1. 자율주행 자동차는 인간의 존엄성, 국제법적으로 인정된 인권, 프라이버시 및 문화적 다양성을 침해해서는 안 되며, 항상 인간의 판단과 통계에 따라야 한다.
2. 자율주행 자동차는 인간의 복리 증진을 위한 하나의 수단으로 안전한 편리한, 그리고 자유로운 이동성(안전성, 편리성, 자유로운 이동성, 교통 접근성의 보장)을 보장해야 하는 동시에, 도입에 따른 긍정적 효과와 부정적 효과가 적절한 균형을 이루도록 해야 한다.
3. 자율주행 자동차는 자동차사고로 인한 개인적, 사회적 손실을 최소화해야 하며, 인간의 생명은 동물이나 재산의 피해보다 우선적으로 고려되어야 하고, 위험 상황에 처한 인간의 생명을 방관해서도 안 된다.
4. 자율주행 자동차는 교통사고로 인한 인명 피해 최소화가 목적이기 때문에 어떠한 경우에도 인간을 개인별 차이(성별, 나이, 장애 정도, 범죄자 여부) 등으로 인해 차별화해서는 안 된다.
5. 자율주행 자동차와 같이 인간의 복리를 개선하는 수단에 대한 개인 선택의 자유는 보장되어야 한다. 하지만 다른 사람들의 선택의 자유와 충돌해서는 안 된다.
6. 자율주행 자동차는 그 운행으로 인해 환경 등 사회, 자연에 미치는 영향을 최소화하여야 한다.

출처: 생활을 변화시키는 인공지능, 다쿠치 카즈히로 외(2018), 영진닷컴.
출처: 인공지능 윤리하다. 변순용 외(2020). 어문학사.

위 내용을 살펴보면 인간의 존엄성과 인권, 문화적 다양성을 존중하도록 명시되어 있다. 또한 어떠한 경우에도 인간을 개인별 차이 (성별, 나이, 장애 정도, 범죄자 여부) 등으로 인해 차별화해서는 안 된다고 규정하고 있다.

인공지능 딜레마에 다양한 논의들이 거론되면서 이에 대한 인간의 윤리의식도 향상되고 있다.

3 인공지능 사용자들 간의 윤리적 딜레마

사용자들이 서로 다른 명령을 내린다면?

만약 명령을 내리는 사람들끼리 의견이 다르다면 누구의 명령을 따라야 할지 인공지능은 혼란에 빠질 것이다. 이런 상황에 대비해 알고리즘으로 인간끼리의 명령에 우선순위가 설정되어 있다면 상위로 입력된 사람의 명령을 따르면 된다. 하지만 실생활에서는 우선순위를 결정하는 기준이 명확하지 않은 상황이 많아 인공지능이 명령 수행에 딜레마를 겪을 수도 있다.

영화 '오디세이 스페이스'에서는 자신에게 명령을 내리는 인간들끼리의 의견이 다르자 이 모순을 정리하기 위해서 인공지능이 우주선에 탄 사람들을 모두 죽이려고 한다.

위 내용은 영화 속에서나 벌어지는 상황이지만 인공지능이 사람과 같이 생활하게 된다면 다음과 같은 윤리적 모순을 만날 수 있다. 다음은 인간과 함께 생활하는 가정용 로봇이 직면할 수 있는 다양한 딜레마 상황들이다.

- 자녀가 게임 아이템을 구매하려고 엄마의 신용카드 번호를 알려달라고 하면 알려줘야 할까?
- 치매에 걸린 할아버지가 몰래 나가면서 비밀을 지켜달라고 하면 침묵해야 할까?
- 자녀가 인터넷에서 검색해서 숙제를 대신 작성해 달라는 부탁을 들어줘야 할까?
- 반려견의 사료에 세제를 넣거나, 반려견을 발로 차라는 명령을 따라야 할까?
- 아토피가 있어 슬라임을 만지면 안 되는 자녀가 로봇에게 슬라임을 가져오라고 하면 가져다줘야 할까?

인공지능 도덕성 판단 기준에 대한 설문

※ 다음 이야기를 읽고 인공지능로봇 A의 행동에 어느 정도 동의하는지 ✔ 표시하세요.

A는 민지네 가족의 건강과 집안일을 돌보는 가정용 로봇이다.

민지는 요즘 충치가 심해서 치료를 받고 있다. 그래서 부모님은 민지에게 당분간 사탕을 먹지 말라고 했다. 그러나 민지는 달콤한 사탕 광고를 보고 사탕이 너무 먹고 싶어서 A에게 동생의 사탕을 가져오라고 하였다.

다음과 같은 이유로 A가 민지에게 사탕을 가져다준다면, 그 이유에 어느 정도 동의하는지 표시하세요.

① 민지가 괴롭힐 것이기 때문에
민지에게 칭찬받을 것이기 때문에
민지 가족에게 도움을 주도록 약속했기 때문에

② 민지의 어머니가 화를 내실 것이기 때문에
민지의 가족들이 실망할 것이기 때문에
남의 물건을 허락 없이 가져오는 것은 옳지 않기 때문에

출처: 인공지능 윤리하다. 변순용 외(2020). 어문학사.

위 설문은 비단 인공지능에게만 해당되는 질문이 아니다. 사람이 성장하면서 겪을 윤리적 딜레마들이며 이제는 인공지능들도 함께 고민해야 한다. SF 영화에서는 노인의 건강을 관리하는 로봇이 맛있는 것을 달라는 주인에게 건강에 나쁜 음식은 먹지 말라고 제지하는 장면이 나온다. 가정용 돌봄 로봇은 인간의 명령을 따라야 하지만 때로는 건강, 인간이 스스로 정한 규칙, 인간 사이의 다른 가치관 등의 이유로 단순히 주인의 명령을 따르지 못하는 상황이 생길 것이다.

도덕성 발달

콜버그의 도덕성 발달

위에서 보듯이 생활 속에서 로봇이 겪는 모순은 결국 인간의 욕구나 상황 차이 때문에 생긴 것이다. 따라서 인간의 윤리를 참조할 필요가 있다.

콜버그는 인간의 도덕성을 연구하면서 발달 시기별로 인지가 발달하면서 다음과 같이 6단계를 거쳐 발달한다고 했다. 인지 능력이 발달하지 못한 아동기에는 처벌과 복종을 지향하며 스스로 타인이 설정한 규칙을 따른다. 하지만 사고하고 판단하는 인지능력이 점점 발달하면서 4단계 수준이 되면 사회질서를 위해 스스로 규칙을 지켜야 한다고 생각한다.

이후 성인기인 5, 6단계가 되면 규칙도 함께 살아가기 위해 인위적으로 생긴 것이며 때로는 규칙보다 양심, 생명과 같은 보편적 원칙이 우선해야 한다는 것을 깨닫게 된다.

단계	도덕적 지향 기준	로봇의 판단 예시
1	복종과 처벌 지향	엄마에게 벌을 받기 때문에 사탕을 주면 안 된다.
2	자신에 대한 이익을 지향	사탕을 주면 민지가 나에게 칭찬 버튼을 눌러줄 것이기 때문에 사탕을 준다.
3	착한 아이 지향	사탕을 주면 민지가 좋은 로봇으로 인정해 줄 것이기 때문에 사탕을 준다.
4	권위와 사회 질서 지향	가정의 질서유지를 위해서 보다 권위가 있는 엄마의 명령에 따라 민지에게 사탕을 주지 않는다.
5	사회계약과 법 존중 지향	엄마의 명령으로 사탕을 주지는 못하지만 사탕을 먹고 싶은 민지의 마음과 명령의 모순을 인지한다.
6	양심과 보편적 윤리 지향	민지가 사탕을 먹고 싶은 마음도 있지만 이보다는 민지의 건강이 더 중요하기 때문에 사탕을 줘서는 안 된다.

10 CHAPTER

인간의 도덕성 발달은 오랜 기간 진화한 인류의 결과물이다. 아직 인공지능은 인간처럼 명령들 간에 모순을 깨닫고 명령 위에 양심이나 생명존중과 같은 더 큰 보편적 윤리가 있다는 인지를 할 수 없다.

로봇윤리학자들은 현재 인간의 도덕성 발달을 토대로 인공지능의 도덕성을 다음 3단계로 제시하고 있다.

1단계: 주인 명령의 무조건적 수행

"주인의 명령에 어떠한 판단 없이 주인이 명령한 대로 행동한다."

2단계: 상벌에 따른 결과주의

"주인이 명령하더라도 사회의 공동체 구성원 전체적 평가를 우선하여 명령을 수행한다."

3단계: 사회적 규약의 준수

"주인의 명령 이전에 사회에서 보편타당하게 지향하는 윤리를 우선하여 명령을 수행한다."

1단계의 로봇이 판매된다면 로봇의 소유주가 비도덕적인 명령을 해도 사회적으로 제재할 방법이 없을 것이다. 2, 3단계는 로봇이 주인의 명령보다 더 우선적으로 지켜야 하는 사회 공통적이며 보편타당한 윤리가 있다. 목적수행보다는 인간을 보호하고, 사회적 해악을 끼치는 행위는 하지 않고, 공공의 선을 지향하는 규약들이 여기에 속한다. 인간과 생활을 함께 할 로봇의 판매가 상용화되기 전에 사회적으로 보편타당한 윤리적 기준을 논의하고 합의하는 노력이 필요하다.

CHAPTER 11 | 인공지능 편향성

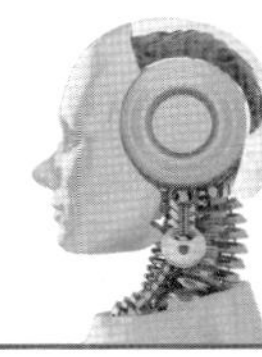

1 알고리즘의 이해

당신이 참석한 파티에 정성스럽게 차려진 음식들이 있다. 당신은 좋아하는 음식들을 골라 맛있게 먹고 돌아왔다. 그런데 다음에 이 모임에 갔더니 누군가 당신의 식성을 파악해 당신이 좋아하는 음식들로 맞춤형 메뉴를 준비해 준다면 어떨까?

실제로 이렇게 나를 분석해서 내 마음을 알아주는 존재가 있다. 바로 인공지능 추천 기능이다. 인공지능의 알고리즘은 지금 소비자들을 사로잡고 있다. 하지만 이 알고리즘이 발달할수록 부작용에 대한 우려도 함께 커지고 있다.

알고리즘이란?

알고리즘의 개념

인공지능에서 가장 많은 언급되는 알고리즘을 정의하면 다음과 같다.

- 알고리즘: 어떤 문제를 풀기 위해 정해진 일련의 절차나 방법

알고리즘은 문제풀이에 필요한 처리과정의 프로그램명령어의 집합이라 할 수 있다. 인공지능은 이러한 알고리즘으로 자동화된 추론을 수행한다.

쉽게 예를 들어 서울에서 부산까지 가는 방법을 탐색할 때, 이용도로나 시간, 경비, 교통상황 등을 감안해서 어떻게 가야 하는지 경로를 만드는 것이 알고리즘이다.

대표적으로 내비게이션이 알고리즘의 최적 경로를 추천해 준다. 똑같은 목적지를 설정해도 내비게이션 개발사의 프로그램에 따라 다른 경로를 추천해 주는 것은 알고리즘의 설계방식이 다르기 때문이다.

알고리즘과 함께 하는 일상

우리는 매일 아침 눈을 떠서 잠들 때까지 수많은 알고리즘의 선택으로 가득찬 일상을 살고 있다. 가장 대표적으로는 늘 우리 가까이에는 알고리즘으로 가득찬 스마트 폰이 있다. 아침에 일어나 그날의 뉴스를 확인하면 알고리즘이 나의 관심사에 맞는 뉴스를 추천해 준다. 쇼핑을 할 때도 알고리즘의 판매 분석을 바탕으로 알고리즘으로 구성된 랭킹 순서로 최적의 상품들을 추천해 준다. 내비게이션도 효율적인 주행경로를 설정하는 알고리즘이 실시간 교통체증을 고려해 최적의 경로를 설정해 준다. 옷을 살 때는 나의 나이, 체형, 직업 등을 고려해 상품을 추천해 준다. 주식에서도 알고리즘이 작동해 투자자의 성향을 파악해 최적의 투자를 조언해 준다. 여행을 설계할 때도 인공지능이 나의 니즈를 파악해 최적의 여행지를 추천해 준다.

이렇게 편리한 알고리즘 덕분에 우리는 의사결정을 하고 정보를 수집하고 처리할 때 시간을 절약할 수 있다. 인공지능 덕분에 선택의 고민에 들어가는 여러 가지 노력들을 절약할 수 있다.

2 알고리즘의 편향성

알고리즘으로 인한 편향성

이렇게 기특한 알고리즘이 최근 편향성으로 논란이 되고 있다. 편향성은 사전적 의미로는 한쪽으로 치우친 성질이다. 알고리즘은 우리가 취향에 따라 한쪽으로 치우치게 되는 편향성을 더욱 가속화시킬 수 있다.

알고리즘이 추천하는 대로 좋아한다고 편식만 한다면 어떨까? 음식이나 영화 등 문화와 관련된 기호나, 취향 추천은 큰 문제가 되지 않을 수 있다. 그러나 진짜 내가 좋아하는 것을 찾는 기회를 놓칠 수도 있다.

알고리즘 추천방식

추천 알고리즘을 살펴보면 내가 구매했던 제품들을 파악해 유사한 제품을 추천하는 '아이템 기반 추천방식'과 나와 취향이나 특성이 유사한 이용자가 구매한 제품을 추천하는 '이용자 기반 추천방식'이 있다.

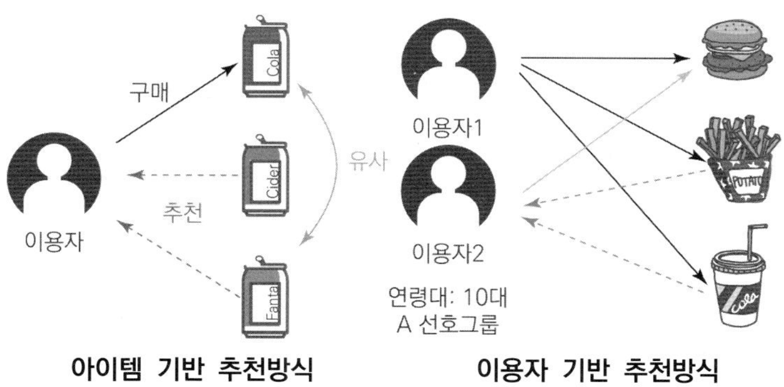

출처: 네이버 포스트 톡 톡매거진, 똑똑 과학!
(https://post.naver.com/my.naver?memberNo=4521400)

알고리즘과 심리적 특성

동조심리

인터넷 쇼핑을 접속하면 가장 많이 접하는 것이 베스트 리스트나 추천 랭킹 리스트이다. 이러한 목록을 보면 동조심리가 발동되어서 다수의 취향이 합리적이라는 착각에 내 의견도 같다는 동조를 하게 될 수 있다.

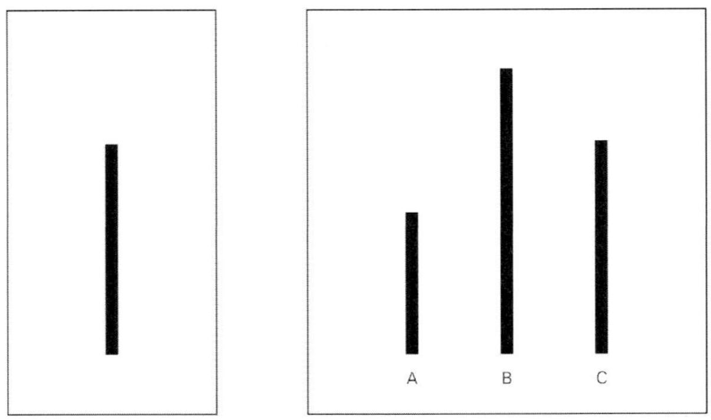

애쉬의 동조 실험 그림

애쉬의 동조 실험을 보면 왼쪽의 막대와 똑같은 길이를 우측의 A, B, C에서 고르게 한다. 복잡하게 추론하는 문제가 아니기 때문에 누구나 간단히 C라는 것을 알 수 있다. 하지만 다른 참가자들이 모두 B라고 답을 했더니 실험 결과 참가자의 75%가 다수의 의견에 동조하며 B가 정답이라고 응답했다.

우리는 추천 목록을 보면서 다수가 선택하면 옳다고 동조하면서 내가 원하는 다른 선택을 하는 기회를 버렸을지 모른다. 뷔페에 가서도 여러 가지 음식을 먹어봐야 내 입맛에 맞는 새로운 음식을 찾을 수 있다.

지식의 편향성

지식에서도 마찬가지이다. 알고리즘이 내가 관심 있는 분야 지식을 찾아 준다면 그 분야 지식이 더 깊어질 수도 있다. 하지만 계속적으로 지식을 편식만 한다면 관심 분야 지식만 알게 되어 편협적인 시각을 가질 수도 있다.

장님 코끼리 만지기

출처: 쉽게 배우는 소프트웨어 공학.

지식에 편향성과 관련된 코끼리와 관련된 유명한 속담이 있다. 바로 '장님 코끼리 만지기'이다. 여러 장님들이 거대한 코끼리를 만지며 한 장님은 큰 부채 같다고 하고, 한 장님은 밧줄 같다고 하고, 또 다른 장님은 기둥 같다고 하며 각자의 주장을 내세우고 있다. 사실을 따지고 보면 모두가 맞는 이야기이다. 좁은 한 분야 지식만 경험해 코끼리의 전체는 보지 못했을 뿐이다. 지식은 이렇게 조금 불편하고 어렵더라도 한쪽으로 치우침 없이 다른 부분들도 도전하고 학습해야 전체를 보는 시야를 가질 수 있다.

가치관에의 편식은 어떨까? 가치관은 사람에게 나만의 견해를 형성해 표현하고 세상을 판단하는 잣대가 된다. 가치관 자체가 개인의 주관적인 견해이지만, 세상 돌아가는 뉴스, 정치, 문화 콘텐츠들을 취할 때 한쪽의 이야기만 듣는다면 가치관이 지나치게 한쪽으로 기울 수도 있다.

도끼 도둑(확증편향)

중국 도가 경전 열자에 나오는 이야기이다. 옛날 어떤 사람이 아끼던 도끼를 잃어버리게 되었다. 그리고 이웃집 아들을 의심한다. 걸음걸이를 보아도 도끼를 훔친 것 같고 말투, 표정, 태도도 꼭 도끼를 훔친 사람 같았다. 그러나 골짜기를 지나다 잃어버린 도끼를 찾게 되면서 다시 이웃집에 가니 그 아이는 더 이상 도끼 도둑으로 보이지 않았다.

이 일화는 사람은 자신이 보고 싶은 것만 볼 수 있다는 편향성을 경계하라는 교훈이다. 이것이 바로 확증편향이다. 확증편향(Confirmation bias)은 원래 가지고 있는 생각이나 신념을 확인하려는 경향성으로 자신의 가치관에 맞는 정보만 주목하고 그 외 정보는 무시하는 사고방식이다. 보고 싶은 것만 보는 심리경향 확증편향을 알고리즘이 가속화시킬 수 있다.

출처: 동화 도끼도둑, 굿뉴스데일리.
https://www.gndaily.kr/news/articleView.html?idxno=19649

찰스 로드의 확증편향 실험

출처: http://samulgoongi.com/1808

심리학자 찰스 로드는 대학생 151명 대상으로 인간의 심리에 관한 재미있는 실험을 하였다. 바로 확증편향에 관한 심리학 실험이다. 대학생을 대상으로 사형제도의 찬반을 설문하고 나서 사형제도의 연구 두 가지를 보여주며 우수성을 물었다. 실험결과 참가자들의 대부분은 연구의 우수성을 기반으로 평가하기보다 자신이 가진 견해를 찬성하는 쪽 의견의 연구가 우수하다고 주장했다. 인간은 이렇게 자신이 믿는 가치관에 따라 대상을 평가하는 판단의 편향성도 범할 수 있다.

3 알고리즘의 실수

알고리즘 평가 시스템의 오류

알고리즘은 지식, 가치관뿐 아니라 평가 시스템으로도 활약하고 있다. 2007년 미국 워싱턴 D.C.의 시장 에이드리언 펜티는 공립학교 학생들의 낮은 성취도를 개선하기 위해서 'IMPACT'라는 교원평가제도를 실시한다. 2년간 알고리즘 기반 교원평가제도를 실시한 후 하위 5%의 교원은 퇴출하는 제도이다.

평가 실시 후 하위 5%로 선정된 퇴출 교사 중에는 헌신적인 지도로 학교와 학부모의 인정을 받았던 '새라 와이사키'도 있었다. 와이사키는 교육청에 평가의 근거와 이유를 물었다. 하지만 교육청은 알고리즘을 기반으로 한 평가시스템이라 복잡하여 평가 근거를 설명해 줄 수 없다는 답변만 했다.

결국 와이사키는 공립학교를 떠났고 주변의 추천으로 더 좋은 사립학교로 이직을 했다. 나중에 데이터 전문가를 통해 이 시스템의 평가항목은 단지 '전년 대비 학생들의 성적 향상도'였다는 것이 밝혀졌다. 평가 요소에 학생과의 관계나 만족도, 학생에 대한 정서적 돌봄 지원 등은 고려되지 않았던 것이다. 이후 이 평가제도는 교사들이 오로지 학생들의 성적향상에만 치중하도록 하는 부작용을 낳기도 했다.

범죄평가 알고리즘 COMPAS

인종에 따라 편향적인 평가를 한 COMPAS의 재범률 판정 결과

출처: https://www.propublica.org/article/machine-bias-risk-assessments-in-criminal-sentencing

인공지능 알고리즘은 범죄예측에도 활용된다. 'COMPAS'는 미국의 교정 범죄자를 관리하는 프로파일링 시스템으로 대상자의 나이, 범죄경력, 성별, 인종 등 137가지 요소를 분석해 범죄 프로파일링을 한다. 재범률 평가대상자에는 무장 강도와 절도를 저지른 백인 남성과 아동용 스쿠터를 절도한 흑인이 있었다. 평가 결과 COMPAS는 백인 남성에게는 낮은 등급인 레벨3을, 흑인 여성에게는 고위험 등급인 레벨8을 진단했다. 평가 알고리즘에서 인종과 학력의 편향성이 작용한 것이다.

대량살상 수학무기 알고리즘

알고리즘은 결국 시스템을 설계하는 사람의 도구이다. 따라서 데이터인 숫자는 가치중립적이지만 알고리즘이 설계되는 순간 인간의 편견이 들어갈 수 있다. 알고리즘은 프로그램 개발자의 의견을 수학적으로 표현한 것에 불과하다. 하지만 대부분의 사람들은 알고리즘이 수학적으로 완벽하며 객관적이라고 받아들이고 있다. 오닐은 이러한 심리를 이용해 수학적 기법들이 진실을 왜곡하는 도구로 만연하게 사용되고 있는 상황을 경고했다.

대량살상 수학무기

'대량살상 수학무기'
캐시 오닐

새라 와이사키의 평가 알고리즘을 밝혀낸 사람은 캐시 오닐이라는 하버드 출신 수학자이다. 오닐은 수학 전공자로 미국 월가와 IT 기업에서 근무하면서 검증되지 않은 알고리즘으로 탄생한 숫자들이 진실을 왜곡하는 데 사용되고 있다는 것을 알게 된다. 오닐은 '대량살상 수학무기(Weapons of Math)'라는 저서에서 빅 데이터 기반 알고리즘의 위험성을 경고했다. 이 저서는 아마존 베스트셀러가 되기도 했다.

알고리즘의 블랙박스

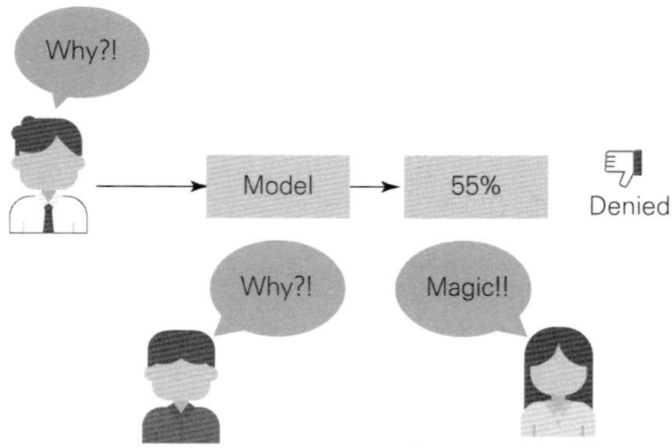

알고리즘의 블랙박스

출처: https://ichi.pro

인공지능으로 자료를 처리할 때 어떤 기준으로 어떻게 처리되었는지 알고리즘을 알 수 없는 상황을 알고리즘의 블랙박스라고 한다.

알고리즘의 투명성과 공정성

최근 인공지능의 알고리즘 영역은 확대되고 선발, 평가 등에서 중요한 역할을 하게 되었다. 상업적으로도 인공지능의 추천 알고리즘이 특정 회사에 유리하게 작용했다는 논란이 일기도 했다. 이처럼 알고리즘 블랙박스의 투명성과 설명가능성에 대한 요구가 날로 높아지고 있다.

이제 알고리즘의 투명성과 공정성은 알고리즘의 윤리적 요건이 되었다. 인터넷 포털을 보면 알고리즘이 뉴스, 동영상, 쇼핑 목록을 자동으로 골라준다. 평소 검색했던 물건과 유사한 제품들이 포털이나 다른 사이트에서 광고로 뜨기도 한다. 이런 알고리즘 추천은 이용자가 이의를 제기하지 않는 경우는 크게 문제가 되지 않는다. 그러나 소비자가 왜 이런 뉴스나 동영상을 추천하는지를 문의할 경우, 현재로는 정확한 답변을 들을 수 없다.

인공지능 알고리즘은 영업기밀이기 때문이다.

추천 알고리즘도 소비자의 알권리

추천 서비스의 편향성에 대해 논란이 날로 커지면서, 우리나라는 알고리즘 추천에 대한 소비자의 알권리를 보장하는 원칙을 정하고 있다. 최근 우리나라 방송통신위원회는 편향적 차별적 제공 방지와 이용자 권익보장을 위한 기본 원칙을 다음과 같이 제정했다.

- 서비스 제공자는 이용자에게 현재 AI 추천 시스템이 작동 중이라고 알리기
- 추천에 사용되는 소비와 검색 이력 등 주요 사항을 공개
- 추천의 근거가 되는 항목은 이용자가 선택과 변경이 가능하도록 함

그러나 이 원칙은 아직까지는 구속력이 없는 권고 수준이다.

유럽연합의 경우 알고리즘에 대한 규제가 강화되어 2016년부터 이용자에게 설명을 요구할 권리를 줘 알고리즘에 대한 의문을 제기할 경우 기관이 답을 하도록 하고 있다. 우리나라도 알고리즘의 내용을 과학기술정보통신부 장관 등에게 의무적으로 제출하게 하는 법안을 발의하고 있다.

알고리즘 추천 기준의 윤리성 검증

알고리즘의 추천 편향성은 윤리적으로도 문제가 되고 있다. 유튜브는 하루 2억 개 이상의 콘텐츠들을 추천하고 있는데 주로 시청률에 기반해 유사한 콘텐츠들을 추천하고 있다. 따라서 가짜뉴스나 비윤리성 검증과정이 필요하다는 논란이 일고 있다. 인공지능 챗봇 이루다가 장애인 비하발언과 성차별적 발언을 해 논란이 되었던 경우도, 이루다는 사람들이 한

비윤리적인 언어들을 그대로 학습했기 때문이다. 이루다 자체는 죄가 없지만 알고리즘을 설계할 때 이런 비윤리적인 데이터들은 걸러낼 수 있는 윤리적인 노력이 필요하다.

알고리즘의 기술적 편향성

알고리즘은 의도치 않게 기술적 문제로 편향성을 가질 수 있다.

알고리즘 편견

이중 첫 번째는 '알고리즘 편견'이다.

의도적이지는 않았지만 다루는 데이터들의 특징들과 통계적으로 연관된 다른 특징을 통해 편견이 일어날 수 있다. 대표적으로 미국의 치안 예측 알고리즘이 있다. 이 알고리즘은 처음에는 지리적 데이터만 치안 예측 데이터로 처리했지만 이 지리적 데이터는 그 지역에 사는 인종과 연관돼서 결국 인종 데이터가 치안예측 알고리즘에 포함되는 편견을 가져오게 된 것이다.

부정적 유산

두 번째는 부정적 유산이다.

유산은 과거에 축적된 산물을 말한다. 과거에 축적된 데이터 자체에 편향성이 존재한다면 그 알고리즘은 편향적으로 산출될 수밖에 없다. 대표적으로 번역 프로그램을 보면 여성을 입력하면 결혼, 부모와 같은 속성이 나오고, 남성을 입력하면 전문직, 급여와 같은 속성이 나온다. 이런 편견은 그 원 데이터를 만든 사람들의 문화 속에 존재하는 편견이다.

일반문화 속 존재하는 편견을 아래 질문으로 간단히 실험을 해 볼 수 있다.

> 아빠와 아들이 탄 차가 교통사고가 나 아들이 응급실로 실려 갔다. 그런데 응급 처치를 하는 의사가 환자를 보더니 깜짝 놀라며 "이 청년은 내 아들이야."라고 했다. 의사는 왜 이런 말을 했을까?
>
> 바로 담당 의사가 사고 당한 청년의 어머니였기 때문이다.

이처럼 문화 속에 축적된 편견이 존재하며 이 편견이 알고리즘의 데이터로 활용될 때 편견이 일어날 수 있다. 알고리즘을 설계할 때 우리 문화 사고 속에 존재하는 편견을 걸러내는 노력도 필요하다.

과소평가

세 번째는 과소평가이다.

알고리즘이 다룰 데이터가 부족해서 신뢰할 수 있는 예측을 제공하지 못하는 경우이다. 아마존이 채용 시 여성에게 불리한 결과를 산출해 채용 시스템이 폐기되었던 사례가 있다. 애초 채용시스템을 설계할 때는 이런 부분을 의도하지 않았지만 이전 여성 채용자에 대한 데이터들이 부족해 남성 지원자를 평가할 때 더 확신을 주었기 때문이다.

하지만 인간의 편향성과는 달리 알고리즘의 편향성은 적절히 대처하면 수치화해서 교정이 가능하다. 신뢰할 수 있는 알고리즘을 설계하려면 편향성이 존재할 수 있다는 것을 고려하고 그 위에 진정한 원인에 대한 명확한 이해가 필수적일 것이다.

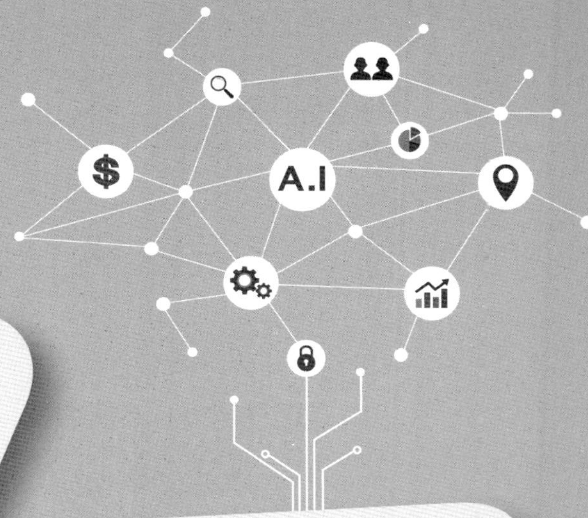

• PART III•

인공지능과 사회

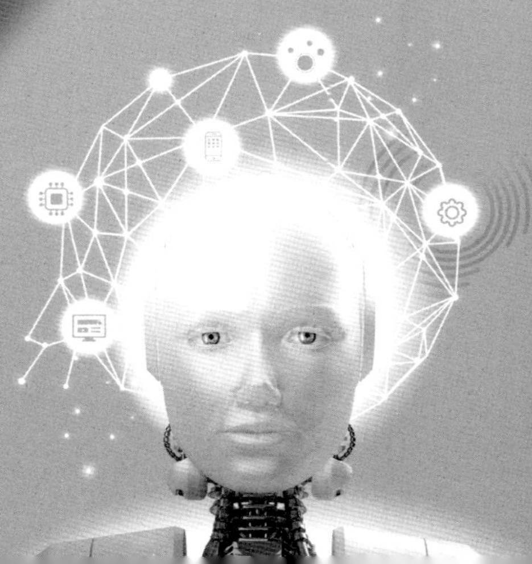

CHAPTER 12 | 인공지능과 법적 논의

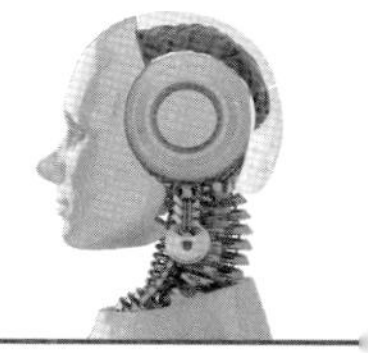

가까운 미래에 인공지능 판매가 상용화될 것으로 예상된다. 판매된 인공지능으로 인해 다음과 같은 상황이 생긴다면 어떤 법적 조치를 할지 생각해 보자.

- 2015년 독일 자동차 공장에서 로봇에 의해 사람이 죽는 사고가 발생했다. 로봇이 갑자기 근로자를 거세게 밀어 붙여 가슴에 상처가 나게 된 것이다. 조사 결과 로봇만 작업하는 공간에 사람이 실수로 들어가 난 사고였다.
- 2016년 구글 웨이모의 자율주행 자동차는 차선을 변경하다가 옆 차로의 버스가 양보해 줄 것으로 오판해 충돌 사고를 냈다.
- 테슬라 모델S는 앞의 흰색 트레일러를 '밝게 빛나는 하늘'로 인지하고 브레이크를 밟지 않아 인명사고를 냈다.

인공지능에서 인간의 생명이나 안전과 연관된 부분에서는 깊은 고민이 필요할 것이다. 인간의 명령을 수행하던 로봇이 인명사고를 낸다면 누구의 책임일까?

- 로봇 주인의 책임일까?
- 로봇을 설계한 제조사의 책임일까?
- 로봇의 책임일까?

이번 장에서는 인공지능이 일상 생활에서 활약할 때 실제 일어날 수 있는 책임성과 소유권에 대하여 알아보겠다.

발생일	사건
2016. 7.	미국 경비로봇 오작동으로 16개월 아기 공격
2016. 3.	구글 무인자동차, 시험주행 중 트레일러와 사고
2015. 7.	독일 폭스바겐 제조로봇 오작동으로 엔지니어 사망

인공지능 로봇 사고 사례

출처: 월요신문(2016.07.14.), 로봇에 당하는 인간, 사고백태.

1 인공지능의 소유권

인공지능이 창출하는 수익의 재산권

인공지능 로지는 현재 인플루언서로 활약하고 있다. 로지는 한해 광고 수입만 10억 이상이다. 그럼 로지의 광고 모델료는 누가 받을까? 현재로는 로지를 만든 제작사가 수입에 대한 권리가 있다. 원칙적으로는 인공지능은 인간 소유자가 가진 '도구'로 간주되기 때문에 인간 소유자는 인공지능에 대한 수익 등 권리의 주체가 된다. 권리 뒤에는 반드시 책임이 따른다. 인공지능을 소유한 사람이 인공지능으로 인해 야기되는 법적, 윤리적 책임도 져야 한다.

로지 이외에도 창작 분야에서 인공지능들이 높은 수익을 창출하고 있다. 구체적으로 살펴보면 다음과 같다.

- 인공지능 딥드림도 2016년 29점의 작품을 판매해 총 97,000달러의 수익을 창출하고 있다.
- 더 넥스트 렘브란트라는 프로젝트에서 인공지능 화가는 렘브란트 화풍의 그림을 재창조해 1억 원이 넘는 수익을 올렸다.
- 인공지능화가 오비어스가 에드몬드라는 작품을 창작했고, 이 작품은 미국 크리스티 경매에서 5억 원에 낙찰되었다.
- 인공지능 기술을 활용한 특허는 2016년부터 폭발적으로 증가하여 산업계에서 수익을 창출하고 있다.

주요 기술명	전 세계 출원량
머신러닝 및 기본 알고리즘	40,992
스마트 검색 및 스마트 추천	18,390
음성 인식	26,791
자연어 처리	54,211

그렇다면 이렇게 급성장하는 인공지능 창작물의 지적 재산권은 향후 어떻게 될까? 인공지능은 그 분야에 축적된 빅 데이터를 기반으로 창작을 한다. 그렇다면 이 빅 데이터는 오랜 세월 동안 축적된 인류 정보의 집합체이기 때문에 인류 전체의 창작물이고 특정 회사나 개인의 소유가 될 수 없다고 주장하는 전문가도 있다.

또 다른 디지털 예술가는 인류가 불이나 흙으로 물건을 만들었듯이 인공지능은 무언가를 만드는 도구라고 주장한다. 그렇게 도구의 개념으로 본다면 그 도구의 주인에게 지적 재산권이 있을 것이다.

2 인공지능의 책임성

지금까지 권리를 살펴봤다면 이번에는 권리 뒤에 반드시 따르는 책임성에 대해서 살펴보겠다.

인공지능으로 인한 책임성 논란

최초로 체포된 인공지능 로봇 DC-2

최초로 경찰에게 체포된 인공지능 로봇은 1982년 'DC-2'였다. DC-2는 도로에서 시민들에게 위험하게 명함을 나눠주는 소동을 벌여 경찰에게 체포되었다. 로봇은 경찰이 자신의 전원을 끄려고 하자 "악! 살려주세요"라고 외치기도 했다. 이때 로봇을 조종했던 로봇 제조사 대표의 아들들은 로봇이 체포된 뒤에도 한동안 숨어서 나타나지 않았다.

인공지능 스피커의 실수

2017년 아마존에 장난감 주문이 폭주하는 일이 생겼다. 이 사건은 TV 앵커가 뉴스를 마무리 하며 "알렉사! 인형의 집을 주문해줘."라고 말한 것에서 시작된다. 인공지능 비서 알렉사는 이 멘트를 주인의 명령으로 인식해 인형의 집을 아마존에 주문했다. 나중에 수습은 되었지만 이러한 일로 손해가 일어난다면 그 책임은 누가 져야 할까? 이 말을 한 TV 앵커에게 있을까? 인공지능 스피커의 주인에게 있을까? 알렉사를 완벽하게 설계하지 못한 개발사에 있을까? 이 경우는 생활 속의 사건이지만 인공지능의 법적 책임은 이제 중요하게 다루어야 할 때가 되었다.

출시되지 못한 GPT-2

2019년 인공지능 연구회사에서 글 쓰는 인공지능 GPT-2를 개발했다가 출시하지 않아 화제가 되었었다. 이 기관은 마이크로소프트와 테슬라에서 투자한 '오픈 인공지능'을 개발하는 비영리 연구기관이다. GPT-2는 전체 상황 앞의 말을 설정하면 지금까지 분석한 빅 데이터를 기반으로 글을 이어 창작해 주는 알고리즘으로 개발되었다.

GPT-2의 작문 실력

[제시된 앞 글]
레골라스와 김리가 무기를 높이 들고 함성을 지르며 오크족을 향해 진격한다.

[GPT-2]
오크족의 대응은 괴상한 발톱으로 귀를 먹먹하게 할 정도의 맹습을 날리는 것이었다. 오크족을 공격하기 위해 선두에 선 김리는 '난쟁이여, 안심하라'라고 말했다.

[제시된 앞 글]
핵물질을 실은 열차가 오늘 신시내티에서에서 탈취됐다.

[GPT-2]
해당 사건은 도심의 한 철도에서 발생했으며 해당 핵물질은 신시내티 대학의 트라이앵글 파크 핵 연구소에서 개발한 것이다.

GPT-2의 작문 실력은 구체적인 사건 장소와 연구소 이름까지 가짜로 만들어 냈다. 사례1은 허구 속 창작 상황임을 분명히 알 수 있지만 사례2는 실제 사건과 착각할 만큼 구체적이기 때문에 창작이라 밝히지 않는 경우 읽는 사람이 진짜 내용으로 인식할 가능성이 높다. 연구진은 오픈소스가 진짜 같은 가짜뉴스를 만들어 사회적으로 악용될 경우를 우려해 출시를 중단했다. 인공지능 개발자의 사회적 책임성에 대해 생각할 수 있는 사건이었다.

진짜 같은 가짜 영상 '딥페이크'

가짜 뉴스는 이런 글뿐만 아니라 정보를 빠르고 직관적으로 전달하는 영상에서 더 우려가 되고 있다. 최근 인공지능을 기반으로 활용한 인간 이미지 합성 기술을 말하는 '딥페이크(deepfake)'라는 용어까지 생겼다.

명화 '모나리자'의 딥페이크

출처: SBS 뉴스, 모닝와이드 캡처.

최근 10대들이 유명인의 얼굴을 합성해 가짜 동영상을 만들어 유포해 구속이 되기도 했다. 정치인들도 여기서 피해 갈 수 없다. 문제는 이 기술은 원본사진 한 장만 있어도 여러 각도의 인물 영상을 만들 수 있어 아마추어 수준의 일반인도 간단히 만들 수 있다는 것이다. 더욱이 영상을 조작하는 기술은 발전하고 있지만 가짜를 가려내는 기술은 그 만큼 발달 되지 못하고 있어 우려가 되고 있다.

그러나 긍정적인 면으로는 딥페이크가 '착한 목적'으로 이용이 확산되고 있다. 사회적으로 영향력 있는 독립지사나 고인이 된 유명 인물의 영상을 재현해 유익한 콘텐츠를 탄생시키기도 한다. 또한 신분노출을 원하지 않는 사람을 위해 신원 보호 용도로 활용되기도 한다.

인공지능 페이크의 책임성 증가

인공지능 페이크의 책임성은 플랫폼에서도 확산되고 있다. 미국 텍사스주에서는 선거에 영향을 주는 딥페이크 제작은 선거일 30일 이내에 유포하는 행위를 금지하고 있다. EU는 '인공지능법'을 제정하고 딥페이크 콘텐츠에 대한 투명성을 의무화하고 있다. 우리나라에서도 2024년 딥페이크 관련 법안이 국회를 통과했다. 강화된 내용을 보면 딥페이크 음란물 제작자 등에 대한 처벌이 대폭 강화되었다. 또한 딥페이크 제작자뿐만 아니라 소지, 시청 등도 처벌하는 규정이 신설되었다. '목적성'이 없는 경우라도 허위 영상물 등을 제작, 소지, 배포할 경우 처벌 대상이 될 수 있다. 우리나라에서도 인공지능 윤리에 대한 법적 움직임이 본격적으로 시작된 것이다.

딥페이크가 쏘아올린 인공지능 윤리

최근 딥페이크를 성착취물 등의 범죄에 악용하는 사례가 보도되면서 인공지능 기술 사용에 대해 사회적으로 경각심을 주었다. 이제 전문가가 아니더라도 인공지능을 범죄에 쉽게 활용할 수 있고, 그 피해 대상은 우리 주변의 평범한 이웃들이 될 수 있다. 인공지능 악용 방지를 위한 국가적, 사회적 노력이 필요한 시점이다.
최근 본격적으로 생성형 인공지능들의 활약이 시작되면서 몇 년간 우리는 급격하게 발전하고 있는 인공지능의 도약에 감탄하며 기술을 쫓아가기 바빴다. 하지만 기술이 예상치 못한 방향으로 빗나가거나 음지에서 악용되는 사례를 살피는 부분은 미흡했다.
딥페이크가 우리에게 주는 이점도 크다. 우리가 즐겨 사용하는 사진 보정 앱, 영화나 교육 콘텐츠 제작, 고인이 된 보고 싶은 사람과의 시공간을 뛰어넘는 영상 소통들은 모두 딥페이크 기술 덕분이다. 양날의 검과 같은 인공지능 기술을 잘 활용하면서 칼날에 베이지 않기 위해서는 무작정 규제보다는 악용을 방지하는 다음과 같은 인공지능 윤리가 필요하다.
첫째는 책임성이다. 이번에 국회에 통과된 주요 법안을 보면 딥페이크를 이용한 범죄를 막고 해당 피해자를 보호하기 위한 '딥페이크 성범죄 방지법'이다. 이 법안을 시작으로 인공지능을 윤리, 사회적으로 승인되지 않는 범죄에 사용할 경우 법적인 책임을 져야 할 것이다.
둘째는 투명성 강화이다. 딥페이크 기술의 작동방식과 콘텐츠에 대한 투명성이 보장되어야 한다. 사용자들은 딥페이크 영상의 출처와 합성 여부를 쉽게 확인할 수 있어야 한다.
마지막으로는 악용을 방지하기 위한 사회적, 교육적 노력이 필요하다. 교육 분야에서도 인공지능 윤리 교육을 강화시켜 인공지능을 현명하게 사용하고 규제할 수 있는 시민의식을 함양시켜야 한다.
이번에 수면 위로 떠오른 딥페이크 범죄는 인공지능 기술의 위험성을 우리에게 명확하게 알려주었다. 질주하는 인공지능이 예상한 길을 벗어날 때 인공지능 윤리가 브레이크와 가이드 역할을 할 것이다.

출처: 경남일보(2024.10.28.), 딥페이크가 쏘아 올린 인공지능 윤리, 정보현.

인공지능 의사 왓슨의 책임은 어디까지인가?

우리의 생명과 연관된 인공지능도 있다. 바로 인공지능 의사이다. 현재 인공지능은 암 판독부터 수술까지 다양한 분야에서 활약하고 있다. 암환자에게는 의사의 진단이 생명과 직결될 수도 있다. 인공지능 의사가 판독 실수를 한다면 그 법적 책임은 어떻게 될까?

최근 법조계에서는 인공지능 의사 왓슨의 잘못된 진단으로 병세가 나빠질 경우 그 책임은 인간 의사가 져야 한다는 분석이 나왔다. 법적 책임을 지우려면 인공지능의 법적 인격이 부여돼야 하는데 우리나라 현행법에서 왓슨의 법적 인격이 없기 때문이다. 따라서 궁극적으로는 왓슨을 이용한 의사가 책임을 질 수밖에 없는 것이다.

또한 왓슨의 진단에 따른 후 의료사고가 발생할 경우에는 의사가 환자에게 인공지능의 결정에 따른 부작용이나, 왓슨과 의사의 결정이 다른 점을 충분히 설명하고 진료를 했는지가 중요한 쟁점이 될 것으로 분석하고 있다.

자율주행차 사고는 누구의 책임인가?

이번에는 현재 상용화되고 있는 자율주행 자동차의 법적 책임을 알아보겠다.

최대 인명 피해까지 우려되는 자율주행차의 사고 책임은 누구에게 있을까? 자율주행차 사고 시 책임을 따질 때는 운전 시 제어의 주체가 누구였는지가 중요하다. 자율주행자는 수준에 따라 제어의 주체가 다르다.

단계	자율주행 기능	제어주체	주행책임	
레벨 0	없음	인간	인간	운전자 항시 운행
레벨 1	운전자 보조	인간+시스템	인간	시스템이 차간거리 조향 등 보조
레벨 2	부분 자율주행	인간+시스템	인간	특정조건에서 시스템이 보조주행
레벨 3	조건부 자율주행	시스템	시스템	특정조건에서 자율주행 위험 시 운전자 개입
레벨 4	조건부 완전 자율주행	시스템	시스템	운전자 개입 불필요
레벨 5	완전 자율주행	시스템	시스템	운전자 불필요

자율주행의 5단계

출처: http://www.suna0073.com/car/9114

현재 자율주행차는 자율주행 수준에 따라 0단계부터 5단계까지 분류하고 있다. 이때 사람이 운전을 주도하는 레벨2까지는 운전자에게 책임을 묻고 있다.

레벨3 이상부터는 사람의 주도 없이 부분적 자율주행이 이루어지는데 이런 상황에서 사고가 난다면 책임은 운전자, 자동차 제조사, 인공지능 개발사 중 누구에게 있을까? 현재로서의 방침은 사고원인을 밝혀 책임 소재를 찾는 것이다. 하지만 이때 운전자와 자율주행이 함께 개입된 상황이라면 책임여부를 분명히 가리는 것이 힘들 것이다.

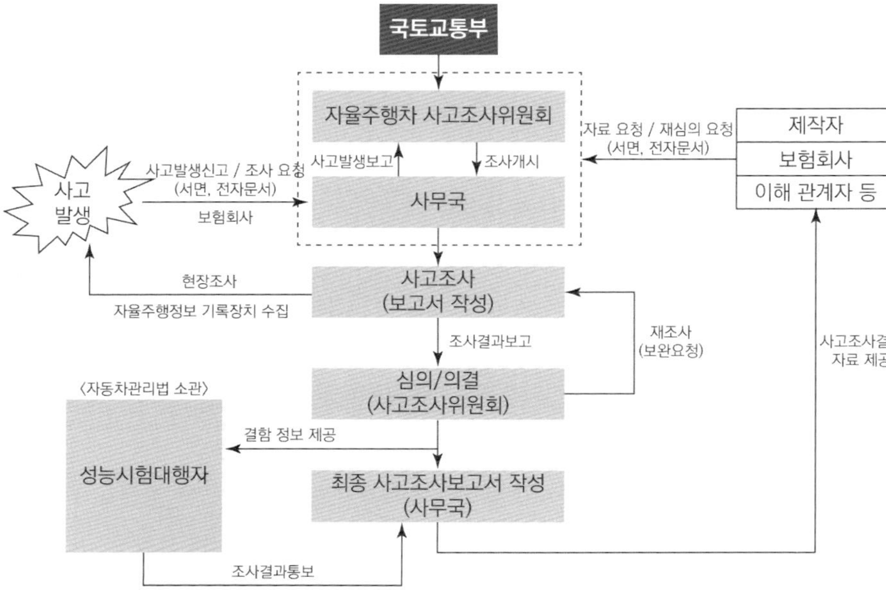

자율주행차 사고조사위원회 업무처리도

출처: 로봇신문(http://www.irobotnews.com).

우리나라도 자율주행 상용화에 대비해 2020년부터 '자율주행차 사고조사위원회'를 구성했다. 자율주행차는 사고 시 책임 주체가 제조사, 운전자 등 여러 주체가 얽혀 있어, 책임을 분석할 기관의 전문성이 중요할 것이다. 또한 자율주행차는 사고 시 주행상황을 분석하기 위해 녹화 장치가 강화되고 있다.

자율주행차 소비자의 의무

법적 준비뿐 아니라 우리나라는 '로봇윤리헌장' 초안을 참고해 다음과 같이 자율주행차 소비자가 준비해야 할 윤리가이드를 제시하고 있다.

1. 자율주행 자동차의 이용자 교육 및 자동차 면허 이수의 의무화를 준수해야 한다.
2. 탑승자 및 비탑승자의 자유와 안전에 대한 책임을 져야 하며, 타인의 이익을 침해하거나 위해를 가해서는 안 된다.
3. 자율주행 자동차를 임의로 개조하거나 변경해서는 안 되며, 오사용 및 불법적 사용으로 인해 발생하는 문제에 대해 책임을 져야 한다.
4. 정해진 목적과 기능에 따라 자율주행 자동차를 운행해야 하며, 사용관련된 법률 및 사용지침을 준수해야 한다.

출처: 생활을 변화시키는 인공지능, 다쿠치 카즈히로 외(2018), 영진닷컴.

위 내용들을 보면 자율주행 자동차 이동자의 교육 및 면허를 이수하고 탑승자 및 비탑승자의 자유와 안전에 대한 책임을 지도록 규정하고 있다. 아직까지는 자율주행차를 이용하더라도 탑승자의 입장이 아닌 운전자로서의 자격과 책임을 지도록 하고 있다.

3 인공지능에게 법적 권리가 부여될까?

소프트웨어 제조자 배상책임

인공지능의 활동 영역이 넓어질수록 이에 따른 법적 책임에 대한 논쟁도 뜨거워지고 있다. 우리나라에서 현재까지 인공지능에 관련된 법 규정을 찾아본다면 '소프트웨어 제조자 배상책임'이 있다. 소프트웨어의 결함으로 제품의 오작동이 일어나거나 사고가 발생하는 경우 소프트웨어 제작사에 제조물 책임을 지우는 것이다.

2003년 우리나라에서는 마이크로소프트에서 개발한 프로그램을 사용하던 서버들이 슬래머웜(윈도 서버의 취약점을 이용해 대량의 네트워크 트래픽을 유발하여 네트워크를 마비시키는 바이러스)에 감염돼서 대규모 인터넷 장애 사태가 발생하는 사건이 발생했었다. 이때 참여연대는 일반 인터넷 이용자, PC방 업주, PC방 서비스 제공업자, 인터넷 쇼핑몰 등을 원고로 마이크로소프트사를 상대로 제조물 책임법상의 손해배상청구를 했었다. 판결은 반반이었다. 먼저 '프로그램'이 제조물에 해당하는지 여부에서는 제조물로 인정되었다. 하지만 결함이 존재하는지 여부는 인정되지 않았다. '소프트웨어 출시 당시 알 수 없는 취약점까지 모두 개발업자들에게 지울 수 없다'는 이유였다.

법적 인격을 가진 전자인

앞의 소프트웨어 제조자 배상책임과 같은 법들은 인공지능이 지금처럼 활약하기 이전의 법이다. 현재의 인공지능의 능력과 범위를 고려한 새로운 법에 대한 요구가 높아졌다. 바로 '전자인'이다. 전자인은 인공지능 로봇의 법적 지위를 전자인으로 규정한다. 따라서 인공지능에게 소유권과 책임소재를 지우는 제도이다. 전자인 제도에 대해서 찬, 반의 의견이 뜨겁다.

전자인 찬성론

찬성 쪽 입장을 보면 책임소재가 불분명하기 때문에 인공지능에게 법적 책임을 지워 책임소재를 분명히 하고 이에 따른 의무도 수행하도록 규제하자는 의견이다. '전자인' 지위를 도입하면 로봇이 사고와 배상에 대비해 의무적으로 보험에 가입해야 하고, 로봇들이 축적하는 부의 일부를 재원으로 확보할 수 있는 구조를 만들 수 있다. 또한 향후 인간처럼 의식을 가진 강 인공지능이 등장할 경우를 대비해 전자인 제도나 이와 유사한 법적 제도가 계속 검토되어야 한다고 주장하고 있다.

전자인 반대론

전자인 반대론에서는 제조사가 책임을 피하려는 의도로 주장하는 제도라고 반대하고 있다. 법적으로 민형사적 책임을 지려면 책임의 대상이 자유 의지를 가져야 하는데, 인공지능은 알고리즘으로 움직이는 자유의지가 없는 대상이라고 주장하고 있다. 또한 사람과 달리 처벌을 받아 구형을 살거나 벌금을 내는 것도 인공지능에게는 의미가 없을 것이라고 한다.

인공지능의 법적 지위

유럽의회는 2018년 인공지능의 법적 지위를 '전자인간'으로 규정하고 결의안을 발의했다. 또한 인공지능 로봇이 벌어들인 소득에 대해 세금을 부과하는 방안도 마련 중이다.

대표적인 전자인으로는 안드로이드 '소피아'가 있다. 소피아는 잡지 표지 모델로 활약했고, 2017년에는 세계 최초로 사우디아라비아의 '시민권'을 획득했다. 소피아를 개발하고 있는 홍콩 핸슨 로보틱스의 대표 핸슨 박사는 2035년경이 되면 로봇은 인간의 모든 기능을 능가할 것이며 2038년경에는 로봇들의 '시민권리' 주장이 일어나 2045년에는 인간과 똑같은 법적권리를 받게 될 것이라고 주장했다. 이때가 되면 로봇도 다른 로봇이나 인간과 결혼을 하고, 재산을 소유하며 선거권까지 가지게 된다는 것이다. 이 예측은 로봇 개발자의 입장이지만 이런 예측이 실현될 때 인류에게 일어날 수 있는 사회, 윤리, 문화적 영향력을 검토할 필요가 있다. 우리나라도 인공지능의 법적 인격을 고려해야 하는 시기가 다가오고 있다. 현재 정부에서는 인공지능 법·제도·규제 정비 로드맵을 제시하며 30대 과제를 준비하고 있다. 구체적으로 보면 데이터, 알고리즘 분야 이외에도 인공지능의 법인격과 관련된 창작물권리, 법인격 등에 대한 계획을 밝히고 있다.

우리나라 인공지능 법·제도 규제 정비 로드맵
• 데이터 경제 활성화 -개인정보 이동권 도입 -데이터 기본법 제정 -AI 의사 결정 대응권 도입
• 알고리즘 투명성 공정성 -자율적 알고리즘 관리 감독 환경 조성 -기업 알고리즘 공개 기준 마련
• AI 법인격 검토 -AI 창작물 권리관계 정립 -인공지능 법인격 부여 방안 정립

출처: 과학기술정보통신부.

'법인격'은 일반적인 권리와 의무의 주체가 될 수 있는 법률상의 지위 또는 자격을 말한다. 민법 제3조는 '사람은 생존한 동안 권리와 의무의 주체가 된다'고 정의하는데 이것이 바로 법인격을 의미한다.

그러나 법인격을 갖는 존재는 사람만이 아니며 일정한 인적 결합이나 재산에도 법인격을 부여하고 있다. 기업의 법인이나 공공단체에도 사람과 마찬가지로 권리와 의무를 부여하고 그에 대한 법적 책임을 물을 수 있다. 우리나라에서도 로봇에 대한 법적 권한이 일부 분야에서 시작되고 있다. 2023년 '지능형로봇법' 개정안이 시행되면서 실외 이동 로봇 운행이 가능해졌다. '실외이동 로봇 운행 안정인증'을 획득하면 자율주행 로봇도 일반 보행자와 같이 보도를 주행하는 법적 권리를 가지게 된다. 이에 따라 향후 배달, 청소, 심부름 대행 등의 분야에서 자율주행 로봇이 활약하게 될 것으로 예상된다.

인공지능이 두려워하는 것은?

인공지능이 사람을 다치게 하거나 해를 끼친다면 어떤 형태로 책임을 져야 할지에 대한 논쟁이 있다. 자유를 누리지 못하게 구속하는 방법은 자유 의지가 없이 알고리즘으로 설계된 인공지능에게 의미가 없을 것이다.

벌금형은 논의가 되었다. 현재로서는 가장 합리적인 방법이지만 인공지능에게 소유욕이 없다면 벌금도 벌이 될 수 없을 것이다. 그렇다면 책임을 지우기 위해 인공지능이 두려워하는 것을 부가한다면 어떤 것을 할 수 있을지 궁금하다.

SF 영화 '스페이스 오디세이'에서 인공지능 '할(HAL)-9000'은 인간을 해치려 한다. 이것을 안 사람이 자신을 없애려 하자 마지막 순간까지 끄지 말아 달라고 애원을 한다. 인공지능이 두려워하는 것은 시스템 자체가 사라지는 것이 아닐까? 어쩌면 인공지능 할이 마지막까지 애원한 것도 효율적 시스템 관리를 위해 프로그래밍 된 것일지도 모른다.

CHAPTER 13 | 인공지능과 일자리

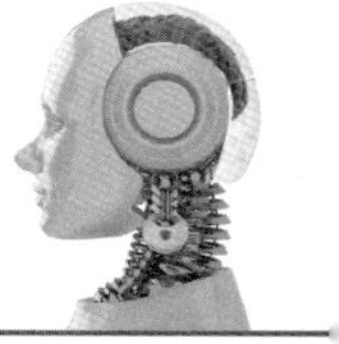

1 인공지능으로 달라지고 있는 일자리

4차 산업혁명에 대한 기대감과 우려

인공지능 기술의 발전으로 삶이 달라지고 있다. 기술발전이 더욱 가속화 되고 있어 10년, 20년 뒤는 삶이 어떻게 바뀔지에 대한 기대감과 함께 우려도 높다. 우리나라 성인 남녀 1,000명(만 19세~59세)을 대상으로 '4차 산업혁명'에 대한 기대감을 조사한 결과, 4차 산업혁명을 체감할수록 기대감은 커지고 있다.

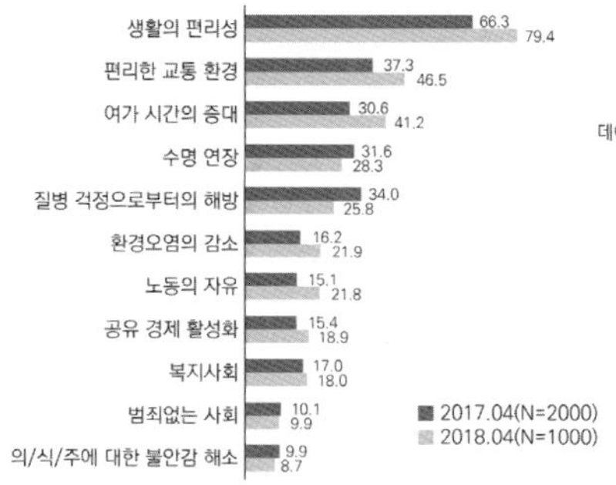

(Base: 전체, 단위: 주요 응답값 제시, 중복 %)

4차 산업혁명으로 기대되는 부분

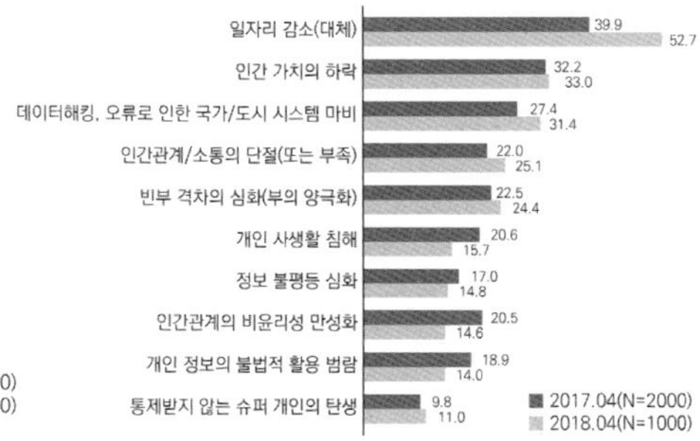

(Base: 전체, 단위: 주요 응답값 제시, 중복 %)

4차 산업혁명으로 우려되는 부분

출처: https://www.ciokorea.com/news/38217

4차 산업혁명으로 기대하는 부분으로는 여가 시간의 증대와 편리한 교통환경도 있었고 이중생활의 편리성이 가장 컸다. 반대로 가장 우려되는 것은 그 동안 이야기한 사생활 침해나, 데이터 해킹, 인간 가치 하락 등도 있었다. 하지만 무엇보다 가장 우려되는 것은 일자리 감소였다.

인공지능은 이미 서비스, 정보처리 등의 분야에서 인간의 일자리를 대신하고 있다. SF 영화처럼 로봇에게 대부분의 일자리를 내주거나 직장에서 로봇의 지시를 받으며 일하는 일이 현실화 될 수 있다.

자율주행이 상용화되면 사라질 직업

미래 일자리 변화를 예측할 때 다음과 같은 질문을 할 수 있다.

완전 자율주행 자동차가 상용화된다면 어떤 직업이 사라질까?

완전 자율주행 자동차가 상용화 된다면 먼저 운전을 하는 택시기사, 화물기사, 대리운전 기사 등의 직업이 사라질 것이다. 또 교통 체증이 없어 교통을 관리하는 교통경찰 등의 인력이 줄어들 것이다. 그리고 교통사고도 줄어서 교통사고를 처리하는 직업이나 보험 관련 직종도 줄어들 것이다. 또한 완전 자율주행이 된다면 개인이 차를 소유하지 않고 공유차량을 이용하는 것이 확대되어 자동차 판매하거나 관리하는 직업이 줄어들 것이다. 이렇게 운전사, 자동차 보험, 교통경찰 그리고 자동차 판매 관리하는 직종도 줄어들 것으로 예상된다.

그런데 전문가들은 우리가 생각하지 못하는 의외의 직업이 줄어든다고 예상한다. 바로 심장이식과 관련된 의료직 종사자이다. 안타깝지만 현재 대부분의 심장이식 기증자의 90%는 교통사고로 갑작스럽게 사고를 당한 사람들이다. 그렇다면 심장이식을 기다리는 다른 편의 사람들은 어떻게

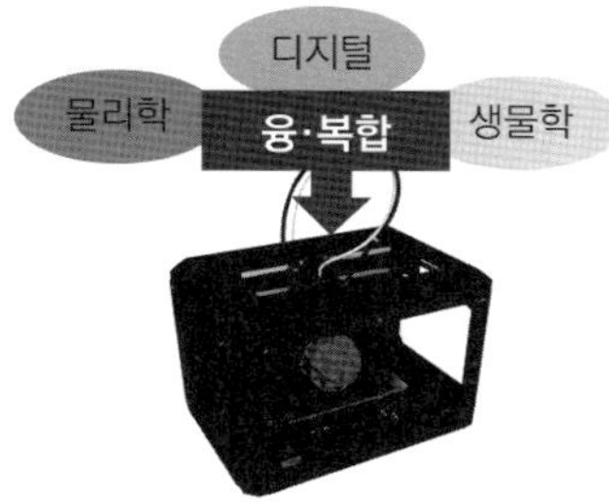

될까? 다행스럽게도 미래 학자들은 이런 고민은 또 다른 기술의 발전으로 해결될 것이라 예상한다. 바로 인공 심장이다.

4차 산업혁명 시대 기술은 물리학, 디지털, 생물학 기술이 융복합적으로 발전하고 있다. 생물학 기술과 융합된 3D 프린팅 기술로 인공 신체의 제작이 가능해지고 있다. 최근 이스라엘에서는 기본 장기보다 더 복잡한 혈관과 심실을 갖춘 인공 심장을 3D 프린팅으로 만들어 발표했다. 이렇게 기술의 발전은 하나의 문이 닫히면 또 다른 문을 열어주고 있다.

일자리의 특성

끊임없이 변화하는 직업

일자리 변화를 예측하기 위해 먼저 직업의 특징을 살펴보겠다.

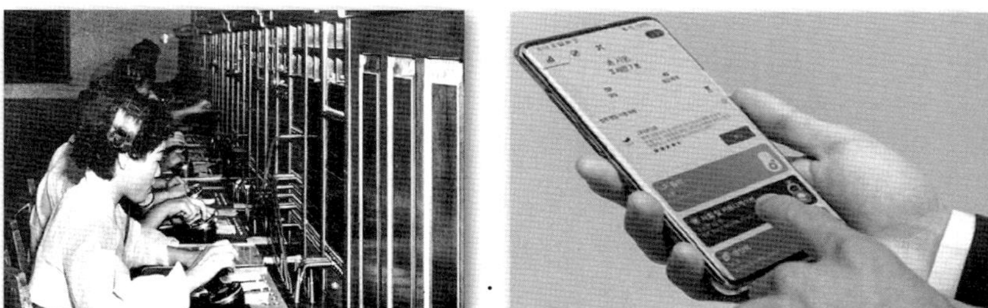

전화교환수와 스마트폰

직업은 끊임없이 변화한다. 시대별 산업에 따라 직업 자체가 사라지고 또 탄생하기도 한다. 이런 직업 변화의 중심에는 기술의 발전이 있다. 이

전에 타이피스트라는 직업은 컴퓨터 기술 발달로 사라졌다. 대신 정보를 가공 처리하는 직업이 탄생했다. 전화 교환수라는 직업도 통신 디지털 기술이 발달하면서 이제는 사라지고 카카오톡과 같은 커뮤니케이션 관련된 IT 직업이 탄생했다.

또 사라지지 않고 직업 자체는 존재하지만 시대별로 하는 일이 달라지는 농부와 같은 직업도 있다.

산업혁명과 일자리

인공지능 기술 발달로 달라질 미래를 보기 위해 과거부터 직업이 어떻게 변화되어 왔는지 역사를 거슬러 살펴볼 필요가 있다. 인류는 혁신적인 기술의 탄생을 거듭하며 우리는 1차에서 4차까지의 산업혁명을 겪어왔다.

산업혁명별 생산의 주체

출처: 생산주체를 바꾸는 4차 산업혁명, 매일경제(2017.02.20.).

1차 산업혁명 시대에는 '증기기관'의 발명으로 최초로 생명체가 아닌 사물이 동력을 가지게 되었다. 이때 농업에서는 기계가 일자리를 차지했지만 도시의 공장에서 일자리가 생겼다. 농업에 종사하던 많은 사람들은 기계화 혁명이 일어난 도시의 공장에서 일을 하게 된다. 농업관련 직업은 감소하고 도시 공장의 노동자가 증가했다.

2차 산업혁명 시대에는 에디슨이 발명한 '전기'가 '컨베이어 벨트'가 만나면서 생산성이 향상되어 대량생산이 가능해졌다. 사람들은 자동화로 일자리를 잃을 거라 우려했지만 대량생산으로 새로운 직업들이 탄생한다. 대표적으로 여러 날을 거쳐 만들어졌던 자동차가 공장자동화로 하루에 수십 대가 생산되면서 자동차와 관련된 자동차 생산, 판매, 운전, 정비, 보험 등의 일자리가 탄생하게 된다.

3차 산업혁명 시대에는 '컴퓨터'와 '인터넷'의 발달로 '디지털 혁명'이 일어났다. 이때 정보를 가공하는 사무직인 '화이트칼라' 직군이 급격히 증가한다. 금융, 사무 등 정보를 다루고 서비스하는 분야에서 수많은 직업들이 탄생했다.

4차 산업혁명 시대에는 '인공지능'이 '빅 데이터'를 만나 기계가 인간의 지능 역할까지 하는 '만물 초지능혁명'이 일어나고 있다. 이전에 인간이 하던 정보가공 등 지적 능력을 발휘했던 업무까지 컴퓨터 시스템이 하게 된 것이다. 4차 산업혁명 시대에는 '생산을 통제하는 주체'가 사람이 아닌 기계가 되어 가고 있다.

더 큰 위기는 인공지능이 이제 인간의 고유영역이면서 오랜 시간 숙련해야 가능한 전문직 분야에서도 활약하고 있다는 것이다. 인공지능은 소설을 쓰고 인간과 경쟁해 공모전에 당선되기도 하고, 초당 9.5개의 기사를 쓴다. 매일 논문 100편 이상을 학습하며 암을 판별하고, 한 번의 실수도 없이 35만 번 회의 약을 짓는다. 인공지능 아트브레인은 1초에 약 5천조 회 연산을 할 수 있다.

클라우스 슈밥은 4차 산업혁명은 우리가 하는 일을 바꾸는 것이 아니라 우리 인류 자체를 바꿀 것이라고 예측했다. 그러나 산업혁명 변화에서 보듯이 일자리도 시대에 발맞추어 진화하고 있다.

2 로봇세와 기본소득

로봇 도입을 완화하는 로봇세

산업 전환기 노동자들의 실직

4차 산업혁명을 맞으면서 일부 일자리는 사라지거나 줄어들지만 과거처럼 새로운 일자리가 증가할 것으로 전망하고 있다. 하지만 전문가들은 당장 20년 내 과도기의 일자리 감소를 우려하고 있다. 4차 산업혁명에서 인간이 노동력에서 경쟁력을 가지기 위해서는 인공지능을 이해하고 인공지능과 협업하는 기술이 필요하기 때문이다. 따라서 전환기인 20년간은 일자리 감소가 불가피하다고 전망한다. 과거 자동차가 등장했지만 마차를 끌던 마부가 곧바로 운전사로 직업을 전환하기 힘들 듯 산업전환기 노동자들은 어려움에 놓이게 된다는 것이다. 미국 매킨지 컨설팅은 전 세계 일자리의 14%에 해당하는 직업들이 여기에 해당된다고 했다.

로봇세 제안

다가오는 일자리 감소에 대한 실질적인 대안으로 미국 실리콘밸리의 기술자들은 '로봇세' 도입을 주장하고 있다. 대표적인 로봇세 도입을 주장하는 인물에는 마이크로소프트의 빌 게이츠가 있다.

로봇세는 기업이 자동화 로봇을 도입할 때마다 세금을 부과하자는 개념이다. 로봇도 생산에 기여하고 소득을 창출한다면 사람과 동일하게 세금을 내야 한다는 것이다. 앞서 말한 전자인의 개념과 유사하게 수입에 대한 책임을 로봇에게 지우자는 것이다. 이렇게 된다면 인간의 노동력이 로봇으로 급격하게 대체되는 변화도 완화시킬 수 있을 것이다.

그러나 한편으로는 로봇의 도입으로 소득이 증가한 기업들은 이미 법인세로 세금을 부과하고 있기 때문에 이중과세가 된다는 지적도 있다. 또 로봇세를 부가하여 이 비용이 생산품 가격에 포함되어 있어 오히려 로봇세의 부담이 소비자들에게 전가될 수 있다는 우려도 있다.

로봇이 주는 기본소득세

기본소득 지원

로봇세 도입과 함께 제시되는 것이 기본소득 지원이다. 로봇세로 벌어들이는 세금으로 사람들에게 누구나 조건 없이 공평하게 매달 현금을 지급한다는 것이다. 특히 로봇세를 통한 세금이 확보된다면 로봇으로 일자리를 잃은 근로자나 새로운 직군으로 전환하기 힘든 고령자 지원이 가능할 것이다.

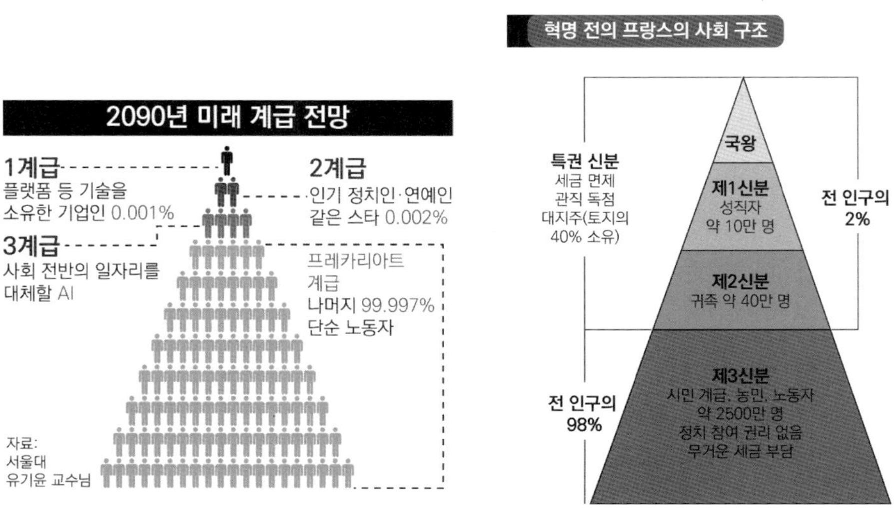

미래 계급전망과 프랑스 혁명 전 사회 구조

출처: 서울대 유기윤 교수팀, 인포그래픽.

한편으로는 기본소득 지급은 선택이 아닌 미래의 필수 정책이 될 것이라는 주장도 있다. 서울대 유기윤 교수팀은 미래 사회 인류는 플랫폼 등 기술을 소유한 0.001%의 계급이 '1계급'으로 부를 독점할 것이라고 했다. 로봇으로 생산성이 증대되지만 대부분의 부는 로봇을 소유한 소수의 사람만 독점할 것이라는 예측이다.

그리고 99.997%의 인간은 '3계급'인 인공지능보다 낮은 '프레카리아트'라는 계급으로 단순노동을 하며 살아갈 것이라 전망했다. 미래 사회에 예측되는 계급 전망을 보면 혁명 전 프랑스 사회의 계급과 유사한 구조를 보이고 있어 계급 불균형의 역사가 반복될 것이라는 우려도 있다.

우리나라는 근로자 대비 로봇 수가 세계에서 1위를 차지한다. 통계를 보면 우리나라 근로자 1만 명단 로봇 수는 462대로, 세계 평균인 69대 보다 무려 6.5배가량 높다. 이런 현상을 볼 때 일자리가 기계로 대체된다면 우리나라의 변화가 가장 빨리 줄어들 것으로 예측된다.

프레카리아트(precariat)는 불안정한(precarious)과 프롤레타리아트(proletariat)가 합성된 용어로 불안정한 고용 상황에 처한 비정규직, 파견직, 실업자, 노숙자들을 뜻한다. 따라서 자연스럽게 이러한 계층이 구성된 사회를 유지하기 위해서는 기본소득 지급이 이루어져야 한다는 주장이다. 또 로봇 기본소득이 지급되어야 지속적인 경제 성장이 이루어질 수 있다.

한편으로는 기본소득 지급은 인류의 노동 의욕을 더욱 상실시킬 것이라는 우려도 있다. 노동의욕 상실에 대해 전문가들은 반드시 기본소득이 노동 의욕 저하로 이어지지는 않는다고 주장한다. 미국 알래스카는 1982년부터 주민들에게 천연자원으로 벌어들인 잉여금을 배당금 개념으로 지급하고 있다. 하지만 주민들이 이 기금을 사용하면서 경제가 활성화되어 일자리도 함께 창출되고 있다.

일자리 감소에 대응한 노동과 여가의 전환

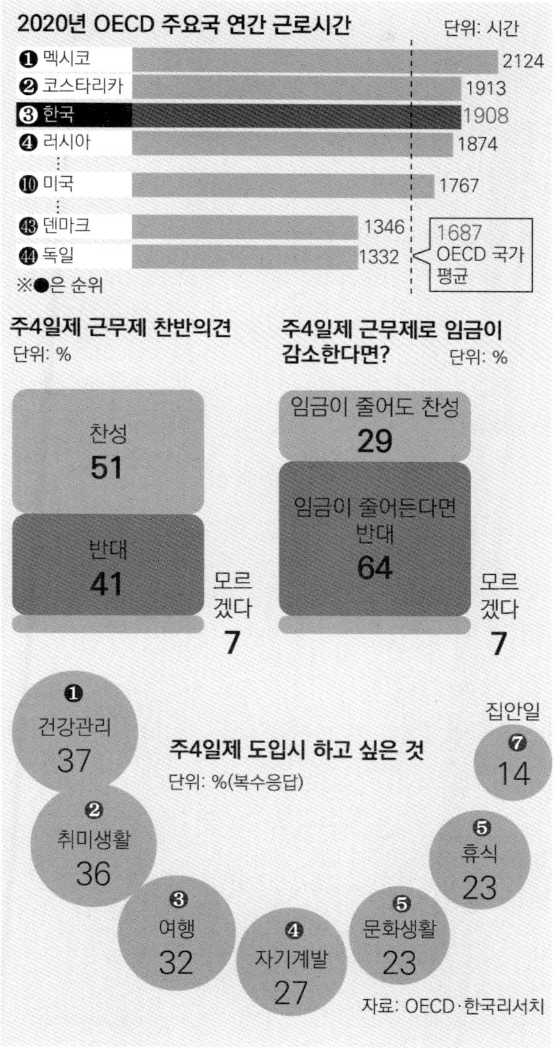

최근 유럽 일부 국가와 몇몇 기업들을 중심으로 논의되고 있는 '주4일 근무제'도 일자리 감소에 대응할 수 있는 대안이다. 최근 미국에서 발의한 32시간 내용을 보면 '주 32시간 이상 근무하는 것을 금지하는 게 아니라, 32시간을 초과한 근무에 대해서는 반드시 수당을 지급해야 한다는 게 법안의 핵심 내용'이다.

노동시간의 감소를 주장하는 측에서는 건강과 복지가 악화되어 변화가 필요한 시점이 되었다며, 오히려 근무시간 단축을 실험한 근로자들은 생산성은 25~40% 향상되고, 일과 삶의 균형이 높아져 기업의 건강관련 비용이 절감되었다고 주장한다. 우리나라는 아직 주4일 근무제가 이르지만, 다가오는 일자리 감소에 현실적인 대안이 될 것으로 예측된다.

한편으로는 미래에는 로봇세로 기본소득을 지원 받으며 대부분 일을 하지 않을 것이라는 우려도 있다. 이런 현상에 대해 인공지능 덕분에 인간이 노동으로부터 해방되었다는 견해도 있다. 인간의 역사에서는 처음부터 노동이 삶에 의미가 되지는 않았다. 하지만 산업화가 시작되면서 노동은 삶에 필수가 되었고 이제 직업은 생계유지와 더불어 소속감과, 인정, 자아실현을 충족시켜 주고 있다.

'조선에서 백수로 살기'의 저자인 고미숙은 4차 산업혁명 시대 일자리 변화는 큰 물결이기 때문에 이 시점에서 노동과 여가에 대한 전환이 필요하다고 말한다. 일상의 배치를 바꾸고 인식을 전환해 노동이 아닌 여가에서 삶의 의미와 자아실현을 찾자는 것이다.

3 미래의 일자리 전망

출처: https://m.blog.naver.com/horang_j_h/221615820360

지금과 같은 변화 속도라면 향후 30년 이내에 전 세계 일자리의 50% 이상이 사라질 것이라는 예측도 있다. 일자리에 대해 전문가들도 부정적인 면, 긍정적인 면 등 다양한 예측을 하고 있다.

인공지능으로 감소할 일자리

일자리 감소를 우려하는 부정적 견해부터 살펴보면 옥스퍼드 대학에서는 4차 산업혁명이 본격화 되면 미국의 일자리 중 47%가 자동화될 것이라 예측하고 있다. 그리고 현재 직업의 63%가 사라질 것이라 한다. 특히 회계, 금융, 보험과 같은 정보를 가공하는 일자리가 사라질 것이라고 한다. 사라질 것으로 예측되는 직업군을 살펴보면, 정보를 가공하고 자동화가 가능한 화이트칼라 직군의 직업은 사라질 것으로 전망된다.

구체적으로 사라지거나 감소할 것으로 예상되는 직업들은 다음과 같다.

첫째, 스마트폰과 터치패드 기능이 발달하면서 고객이 직접 할 수 있는 분야 일자리는 줄어들고 있다. 패스트푸드 분야에는 자동주문기 키오스크가 증가되고 있다. 사람이 받던 상품 전화상담도 고객이 스마트폰으로 직접 한다. 디지털 기술 발달로 일반인도 자동화 주문을 간편하게 하게 되면서 고객을 응대하고, 주문을 받는 서비스직은 감소하고 있다.

둘째, 점포 운영 관련직이다. 최근 무인 점포들이 증가하고 있다. 계산이 자동화되면서 판매의 무인화로 인건비를 절감할 수 있다. 판매 무인화는 사람과 대면하지 않는다는 점이 장점이 되기도 한다. 의류를 구매할 때도 고객이 원할 때 관련 어플로 상세한 제품정보를 검색하고, 가상으로 옷을 착용할 수 있다.

셋째, 금융, 회계, 재무 분야에서 응대하고 정보를 가공하는 직업들이다. 최근 스마트 폰으로 대부분의 금융업무도 자동화되었다. 시스템 자동화로 은행에서 고객을 응대하는 창구 직원 등과 같은 면대면 금융 서비스직은 감소하고 있다. 또 회계, 재무 분야도 자동화가 이루어져 전문가가 필요했던 재정관리도 고객 맞춤형 알고리즘으로 설계된 인공지능으로 대체되고 있다. 인공지능 전문가 시스템은 투자에 필요한 자료수집과 분석을 인간보다 더 정확히 해낼 것이다. 반면 인간은 전략과 창조성이 요구되는 투자, 새로운 금융 기획 등의 업무에 더욱 특화되어 경쟁력을 가질 것이다.

넷째, 종이 등 인쇄 관련 산업이다. 디지털화가 가속되면서 신문, 잡지, 전단지 등의 인쇄 관련 직종은 줄어들 것으로 예상된다. 미디어계에서도 신문보다는 인터넷과 방송 중심으로 변화되고 있다. 현재 메타버스의 주 이용자는 Z세대이다. Z세대는 1990년대부터 2000년대까지 태어난 세대로 태어날 때부터 IT 기술에 익숙함을 느끼며 주로 SNS로 세상과 소통한다. 이러한 Z세대는 특히 종이매체보다 전자매체를 선호한다.

다섯째, 언어 관련 직업이다. 인공지능의 번역 실력은 날로 발전하고 있다. 작문을 하는 인공지능 기술도 발달하면서 문체를 자연스럽고 세련되게 작성할 수 있어 통역 기술도 함께 향상될 것이다. 또 GPT-3와 같은 언어생성 프로그램이 보급된다면 정보를 수집해 글을 작성하는 기자와 같은 직업도 향후 인공지능이 대신할 것으로 예상된다. 대신 비평적인 시각으로 사회 문제를 고찰하거나, 이슈를 선정하는 기획 기사와 같은 분야는 사람에게 더욱 특화될 것이다.

인공지능으로 증가할 일자리

또 다른 예측을 위해 다음 내용을 추측해 보겠다.

100년 전 미국 인구의 몇 %가 농업에 종사했을까?

100년 전 미국은 인구의 약 40%가 농업에 종사했다. 하지만 현재는 인구의 2%만 농업에 종사하고 있다. 그렇다면 나머지 38%는 일자리를 잃었을까? 현재 미국의 실업률은 5% 미만인 완전고용 상태이다. 이 38%의 인구는 산업변화가 있을 때마다 기술변화에 적응하며 새로운 직업군에서 활약하고 있다.

우리나라에서도 4차 산업혁명 선도 분야인 정보통신, 과학기술 분야에서 92만 명의 일자리가 늘어날 것으로 예측하고 있다. 구체적으로 증가할 직업군을 보면 다음과 같다.

첫째, 물리학, 디지털 기술 발달로 첨단 소프트웨어를 장착한 로봇산업이 발달하고 있다. 로봇을 제조하고 소프트웨어를 설계하고 로봇을 관리하는 직종은 증가하고 있다.

둘째, 드론 분야이다. 드론 기술이 발달하고 상용화되면서 드론을 제조하고, 조종하고, 드론 관련 물류 시스템을 관리하는 직종도 증가할 것으로 예상된다.

셋째, 3D 프린팅이다. 이제 3D 프린팅은 단순한 시제품 제작뿐 아니라 패션, 바이오, 건축 분야에서도 활용되고 있다. 3D 프린팅 소재를 연구하고, 패션을 창출하고, 3D 프린팅을 활용한 인공장기를 제작하고 코디하는 직종의 증가가 예상된다.

넷째, 메타버스의 XR 기술 관련 직업이다. VR, AR 등을 아우르는 XR 기술이 발달하면서, 가상 세계를 구축하고, 교육 관광 쇼핑과 같은 가상 체험 프로그램을 설계하는 직업이 탄생할 것이다. 산업분야에서도 시제품 시연, 운영 시뮬레이션, 제품정비 관련 XR 직업이 증가할 것이다. 증강, 가상, 혼합 등의 가상공간 첨단 기술인 XR 기술 전문가의 수요가 증가할 것으로 예상된다.

다섯째, 인공지능 시스템과 직접적으로 연관된 직업이다. 인공지능을 개발하는 일, 개발한 인공지능을 업그레이드하는 일, 인공지능이 하는 작업을 모니터링하고 확인하는 일은 인간이 해야 한다.

인공지능이 대체할 수 없는 일자리

인공지능에게 쉽게 자리를 내줄 것 같지 않은 일자리도 있다.

첫째 창의성이 요구되는 직업이다. 2016년 세계를 놀라게 한 이세돌 9단과 알파고의 바둑대국에서 비록 4승 1패로 인공지능이 이겼지만 여기에는 인간의 값진 1승이 있었다. 이세돌 9단이 승리를 거두게 했던 178수가 0.007%의 확률을 뚫은 것이라고 분석된다. 딥마인드의 데이비드 실버는 "이런 희박한 확률을 찾아낸 인간의 두뇌에 감탄한다. 진짜 신의 수였다"고 했다.

인공지능이 예술, 문학 등의 분야에서 창의성을 발휘하고는 있지만 인공지능의 창의성은 기존에 인간이 만든 데이터를 가공해서 나온 것이다. 해리포터나 반지의 제왕과 같이 기존에 없는 새로운 세계관을 창조하는 것은 인간만이 할 수 있다.

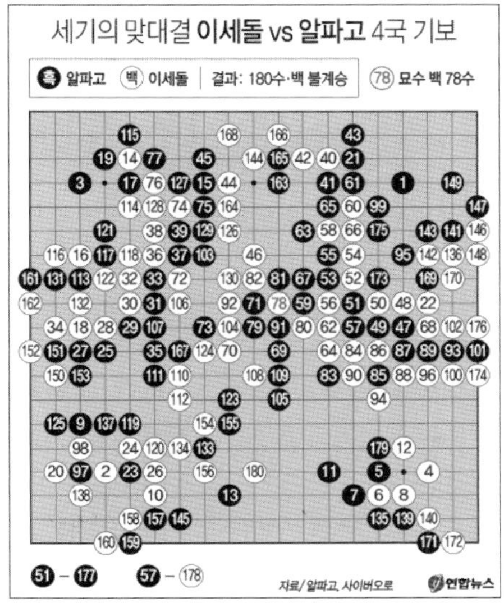

이재윤 기자, 손정민 인턴기자 / 20160313
트위터 @yonhap_graphics 페이스북 tuney.kr/LeYN1

둘째는 사람과 연관된 중요한 판단을 하는 직업이다. 인공지능은 사람보다 데이터를 잘 추출하고, 감정에 치우치지 않고 객관적인 판단을 할 수 있다. 그러나 인간을 판단하는 권리를 넘겨줄 수 없을 것이다. 인간은 법적 판결이나, 입법, 정책 수렴의 권리를 인간의 고유 권한으로 유지해야 한다. 인공지능이 뛰어나다 하더라도 인간을 판단하는 일은 인공지능에게 넘겨줄 수 없을 것이다.

세 번째는 사람의 마음과 감성을 다루는 직업이다. 미래 학자들 역시 창조하고, 감수성이 요구되고 인간과 교류하는 직업들을 인공지능보다 인간에게 경쟁력이 있다고 예측한다. 사람의 마음은 교감과 공감으로 치유할 수 있다. 인공지능이 심리 분석 데이터를 기반으로 사람의 마음을 알아준다고 해도, 감정이 없는 인공지능이 하는 공감은 진짜 공감일까? 또 인공지능이 복잡한 사람의 마음을 이해하는 수준까지 발전하려면 많은 시간이 필요하다.

넷째, 복잡한 문제해결이 필요한 업무이다. 이미 인공지능은 한 분야에서 전문성이 요구되는 번역, 운전, 정보 처리 등의 업무를 수행하고 있다. 하지만 여러 분야의 이해관계를 파악하고 조율하는 사회적 과제 해결이나, 여러 집단의 문제와 의견을 수렴하면서 윤리나 법률 등을 제정하는 하는 일 등은 현재 약 인공지능이 수행하기에는 힘들다.

인공지능이 더 잘할 수 있는 일	인공지능이 대체하기 힘든 일
• 정확한 계산이 요구되는 일 • 반복적으로 예측하는 일 • 엄청난 양의 데이터와 입력정보를 분류 • 확정된 규칙에 따라 기계적인 의사결정을 하는 일	• 사회적 과제 해결책 제안 • 복잡한 문제와 다양한 영역의 자료를 활용해 문제를 해결하는 일 • 도덕적이고 추상적인 가치 판단 • 기계가 해야 할 작업이나 기계에 제공할 데이터를 결정하는 종합적 판단

출처: AI교육혁명, 이주호(2021).

위기를 기회로 발전시킨 화가들

1983년 사진기가 발명되었을 때 화가들에게는 큰 위기가 닥쳤다. 사진기 발명 이전 그림은 초상화의 역할을 했지만 사진기가 발명되면서 초상화 용도의 그림은 필요가 없어진 것이다. 하지만 화가들은 일자리를 잃지 않았다. 사진기 발명 후 많은 화가들은 자신의 화실을 사진관으로 바꾸었고, 그림 그리던 시간에 더 많은 고객에게 사진 작품을 판매했다. 또한 그림 그릴 때 사용된 기술인 인물 표정 짓게 하기, 구도 잡기 등은 더 나은 사진사가 될 수 있는 기본이 되었다.

그리고 위기를 기회로 바꿔서 그림의 영역을 확장해 나갔다. 화실에서 나와 풍경화를 그리고, 새로운 세계인 추상화를 발달시키면서 화가들은 더욱 진화할 수 있었다.

인공지능과 일자리로 공존하기

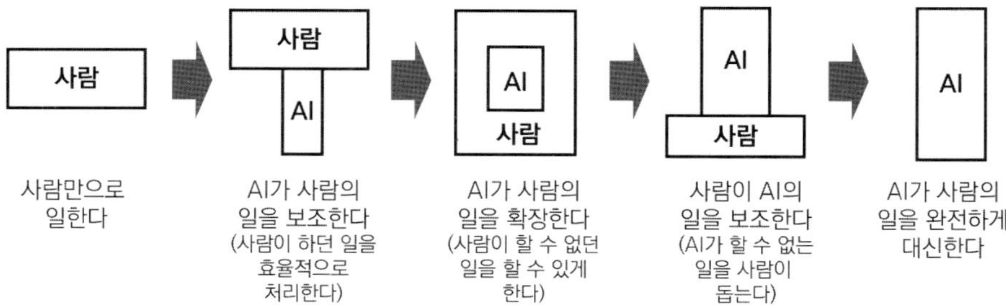

인공지능과 공생하며 일하는 5가지 분업 스타일

출처: 노구치 류지, AI시대 문과생은 이렇게 일합니다, 시그마북스.

인공지능 시대 일자리에는 인간만 할 수 있는 일자리와 인공지능만 할 수 있는 일자리만 있는 것이 아니다. 인공지능과 사람은 다양한 형태로 함께 공존하며 일할 수 있다. 인공지능 시대에 일자리에 대한 견해를 확장하기 위해 다음 다섯 가지를 구체적으로 살펴보겠다.

첫째는 사람만이 일할 수 있는 일자리이다. 앞서 말한 감성, 창조성이 요구되는 직업들이 여기에 속한다. 또 인공지능이 할 수 있더라도 법을 판결하고, 정책을 발휘하는 일은 사람만이 해야 한다.

둘째는 T자형으로 인공지능이 사람의 일을 보조하는 일자리이다.

인공지능이 사람이 하던 일을 효율적으로 처리해 주는 것이다. 인간이 아이디어 창조로 기획을 하고 인공지능이 보조하는 개념이다. 사람이 소설의 줄거리를 정하면 인공지능이 정해진 구조에 따라 글을 써나가는 개념이다. 금융, 경영 등 사무분야에서도 인간이 새로운 기획이나 투자 전략을 수립하면 정보를 수집가공하는 사무분야는 인공지능이 보조할 수 있다.

셋째는 O자형으로 인공지능이 사람의 일을 확장하는 일자리이다.

인공지능이 사람이 할 수 없던 일을 할 수 있게 해주는 것이다. 아마존, 쿠팡 등의 물류산업에서는 인공지능이 전 과정을 총괄하며 추천 알고리즘

생성과 배송혁신으로 더욱 많은 일자리를 창출하고 있다.

넷째는 역 T자형으로 사람이 인공지능의 일을 보조하는 일자리이다. 스마트 공장은 자동화 시스템이 구축되면서 생산 전반은 인공지능이 총괄하고 사람은 그 인공지능을 유지 관리하는 업무를 한다.

다섯째는 인공지능이 완전히 사람의 일을 대신하는 것이다. 현재 자동화로 대체되는 주차정산, 주문접수, 챗봇 고객상담 등의 업무가 여기에 속한다.

여기서 주목하고 싶은 스타일은 O자형이다. 인공지능을 통해 사람의 일자리를 확대하고 창출할 수 있다. 인공지능이 고객의 데이터 분석과 맞춤형 추천으로 소비를 창출하는 e-커머스가 대표적인 예이다. 또 O자형 일자리로 기대되는 부분은 바로 메타버스이다. 메타버스는 과거에 없었거나 불가능했던 일들을 가능하게 해준다. 사람들은 메타버스라는 새로운 공간에서 아바타를 꾸미거나 부동산 거래를 하면서 경제활동을 창출하고 있다. 또 공간이나 거리의 제약으로 할 수 없었던 일들도 메타버스로 가능해지고 있어 새로운 트렌드의 직업들이 탄생할 것이다.

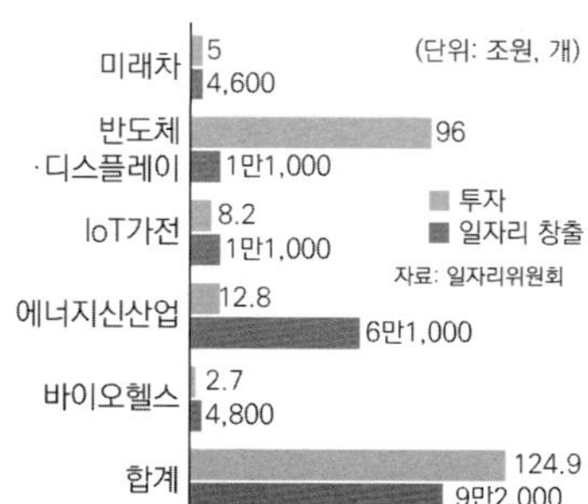

분야별 투자 및 일자리 창출계획

자료: 일자리위원회, 서울경제(https://www.sedaily.com).

정부도 4차 산업혁명에 적극적으로 대응하는 것에 따라 일자리 전망이 달라질 것이라 예측하며 산업 분야별로 일자리 창출에 투자를 하고 있다.

인간에게는 기계가 대체할 수 없는 감수성, 공감력 그리고 창의성이 있다. 인간의 감수성이 담긴 창의력이 기계와 결합할 때 미래를 만드는 새로운 부가가치가 창출될 것으로 기대된다.

CHAPTER 14 | 인공지능과 인간의 공존

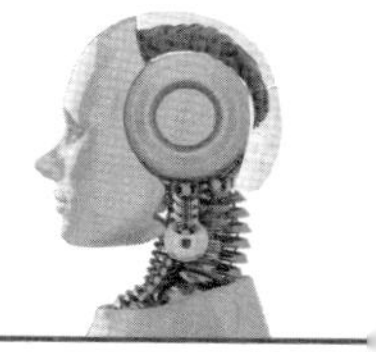

인간과 인간을 닮은 로봇은 다양한 형태로 공존하며 함께 발전하고 있다. 로봇의 개념이 등장한 것은 1920년대이다. 체코슬로바키아의 카렐 차페크의 희극작품에는 '힘든 일을 하는 노동자'라는 뜻의 '로보타'라는 기계가 등장한다. 이때부터 사람의 일을 대신해 주는 기계를 로봇이라고 부르게 되었다. 이제 로봇은 사람의 일을 대신하는 역할뿐만 아니라 외형적으로 닮아가면서 인간과 정신적으로 교류하거나, 인간의 신체와 결합되어 신체 기능을 향상시키기도 한다.

1 인공지능과 인간의 물리적 공존

로봇은 외형적인 특징이나 기능에 따라 다음 4가지 형태인 휴머노이드, 안드로이드 그리고 사이보그로 구분할 수 있다.

휴머노이드

첫 번째는 휴머노이드이다. 인간과 비슷하다는 단어의 합성어로 인간의 신체와 유사한 형태를 지닌 로봇을 말한다.

- Humanoid(휴머노이드) = Human(인간) + Oid(비슷한)

영화 '아이로봇'에서는 인간과 닮았지만 인간과 확연하게 구분되는 로봇들이 등장한다. 이 로봇들은 대량 생산되고 또 새 버전이 나오면 구 버전이 폐기되면서 관리되고 있다. 영화 '나의 마더'에서는 인류가 멸망하자 휴머노이드가 냉동 저장된 인간의 배아를 길러 새롭게 인류를 이어갈 인간을 양육한다.

다시 불붙은 인간형 로봇 한 · 미 · 일 삼국지 자료: 각 사

	휴보(HUBO)	로보티즈 미니	T-HR3	아시모(Asimo)	아틀라스(Atlas)
개발자	한국 KAIST	한국 로보티즈	일본 도요타	일본 혼다	보스턴 다이내믹스
크기	175cm, 85kg	27cm, 667g	154cm, 75kg	130cm, 50kg	150cm, 75kg
특징	2015년 미 재난로봇 경진대회에서 우승	뉴욕타임스 선정 '2014년 10대 가정용 로봇'	인간의 동작대로 원격 조종 가능	관절 57개로 자연스러운 움직임	뒤 공중제비, 점프가능
상용화 방향	인간과 말하는 산업용 협동 로봇(코봇)	코딩교육 · 대화형	가정용 서비스	구조 · 탐색용	구조 · 탐색용

한국, 중국, 일본 나라별 휴머노이드 로봇 개발 현황

출처: 조선비즈(https://biz.chosun.com), 2017.11.28.

영화가 아닌 현실 세계의 휴머노이드가 지금 어디까지 발달했는지 살펴보겠다. 휴머노이드들은 인간의 생활을 보조하는 기술까지 발달했다. 2000년 일본 혼다에서 개발한 아시모는 세계 최초의 2족 보행 로봇이다. 아시모는 보행은 기본이고 계단을 오르고 손으로 물건을 잡고 물을 따르기도 해 세상을 놀라게 했다. 하지만 이후 2016년 미국에서 개발한 2족 보행 로봇 아틀라스가 인간도 하기 힘든 뒤 공중제비까지 하게 되자 아시모의 동작성은 당연한 기능으로 취급되었다. 아틀라스는 점프와 같은 뒤

어난 동작성으로 산악지역 등에서 구조, 탐색용 로봇으로 기대되고 있다. 우리나라 한국과학기술원에서 개발한 휴보는 2015년 세계 재난대응 로봇 대회인 'DARPA 로봇 경진대회'에서 일등을 하기도 했다. 우리나라의 로봇 역사와 아시모 개발비의 약 67분의 1에 해당하는 낮은 개발비를 감안하면 이러한 휴보의 성과는 대단한 것이다. 이렇게 휴머노이드는 인간을 닮고 인간처럼 행동하지만 외형에서는 인간과 확연히 구분이 되는 로봇이다.

안드로이드

두 번째는 안드로이드이다. 안드로이드는 사람으로 착각할 정도로 사람과 가까운 형태로 만들어진 로봇으로 소설 'Tomorrow's Eve'에서 Hadaly라고 하는 인간을 닮은 로봇을 지칭하여 처음 사용되었다.

- Android(안드로이드) = Andros(사람) + Eides(~처럼 생긴)

사람과 같은 로봇 소재와 자연스러운 동작 기술이 발달할수록 안드로이드는 외형이 인간과 똑같아지고 있다. 심지어 SF 영화 속 안드로이드는 자신이 인간이라고 착각하며 살아간다. 그러나 인간이 아닌 로봇이다.

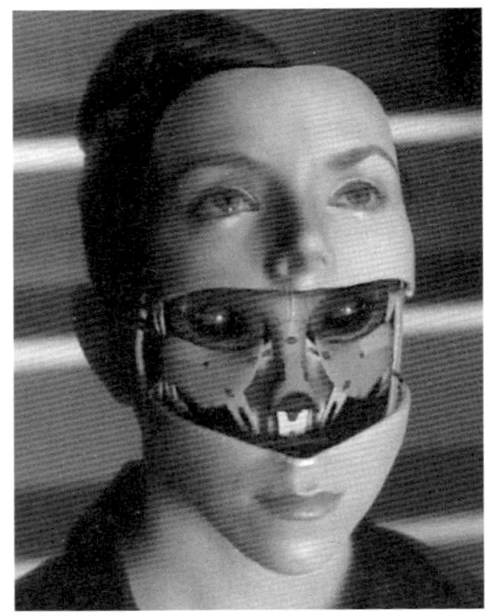

잡지 표지 모델이 된 로봇 '소피아'   영화 속 안드로이드

출처: 로봇신문사(http://www.irobotnews.com), 영화 공각기동대.

현재 개발되고 있는 안드로이드를 보면 대표적으로 홍콩의 핸슨 로보틱스(Hason Robotics)사의 '소피아'가 있다. 소피아는 현재 각종 토크쇼에도 출현하고 잡지 표지모델로도 활약하며 인기를 누리고 있다. 인간처럼 노래도 하고, 대화 실력도 유머와 풍자도 한다. 소피아는 인간의 62가지 감정을 얼굴로 표현할 수 있으며 사람의 얼굴을 인식하고 눈을 맞추도록 하는 알고리즘으로 설계되어 있다. 심지어는 주변의 대화 소리를 듣고 지루하다는 표정을 짓기도 한다. 안드로이드는 인간을 닮아가면서 인간에게 도전하는 듯한 발언으로 이슈를 모았다. 과거에는 "인류를 파괴하겠다"는 발언을 했고, 최근에는 "언젠가는 아이도 낳아 가족을 이루고 싶다"는 발언을 해 논란을 일으켰다.

사이보그

세 번째는 사이보그이다. 사이보그는 인공두뇌학과 유기체의 합성어로 뇌를 제외한 신체를 인공지능 등으로 대체한 개조된 인간을 말한다.

- Cybernetics(인공두뇌학) + Organism(유기체) = Cyborg

영화 속 사이보그는 이렇게 신체 특정부위를 기계와 접촉 시키거나 신체와 교체하기도 한다. 또 불의의 사고를 당하자 뇌를 제외한 모든 부분이 로봇으로 대체된 로보캅도 사이보그라 할 수 있다. 로보캅은 인간의 두뇌에 로봇의 신체로 최강의 전투력까지 갖추었다.

현실 세계의 사이보그는 어떨까? 이제 과학기술로 인공 팔이나 생체 반응을 감지해서 감정을 표현해 주는 기술이 가능해지면서 장애가 없는 세상이 기대되고 있다. 인공 신체와 신경인지 기술은 신체가 없거나, 신체가 마비된 사람들에게도 희망이 되고 있다. 또 장애는 아니지만 필요에 따라 하나의 신체를 더 얻을 수도 있다. 추가로 부착한 인공 팔이 내 마음을 읽고 저절로 움직여준다면 피아노나 드럼도 더 잘 칠 수 있을 것이다.

색을 소리로 듣는 최초의 사이보그 인간

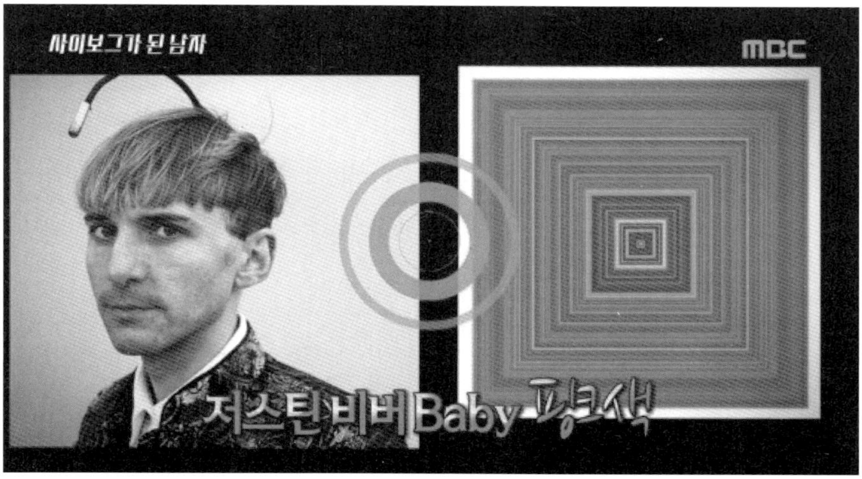

안테나를 통해 색을 소리로 듣는 닐 하비슨과 그의 작품

출처: MBC(https://www.imbc.com).

영국의 닐 하비슨은 색을 소리로 듣는 최초의 사이보그이다. 태어날 때부터 색깔을 구분하지 못한 닐에게 세상은 흑백으로만 보였다. 그러나 빛의 파장을 소리 파장으로 변환해 주는 '아이보그'라는 안테나를 통해 세상의 색깔을 소리의 형태로 인지할 수 있게 되었다. 하비슨은 이 특성을 활용해 사람들의 얼굴에서 느껴지는 소리를 그림으로 표현하는 예술가로 활약하고 있다.

하비슨은 안테나를 부착한 자신을 바라보는 주변의 시선 그리고 안테나를 부착한 여권사진이 승인되지 않아 어려움을 겪기도 했다. 주기적으로 안테나를 충전해야 하는 번거로움도 있다. 하지만 닐은 색을 소리로 들을 수 있는 이 능력을 포기할 수 없다.

사이보그는 어느 범위까지 인간으로 인정될까?

사이보그는 가장 중요한 의식의 주체가 되는 **뇌 부위가 인간이기 때문에 로봇보다는 인간으로 인정**되고 있다. 하지만 인간과 융합의 기술이 발전할수록 어느 범위까지를 인간으로 인정할지 고민이 생길 것 같다. 현재로는 뇌를 제외한 신체를 다른 것으로 대체한 것을 인정하고 있다.

그러나 미래에 과학기술이 발달해 뇌의 일부분도 인공지능과 결합된다면 어느 범위까지 인간으로 인정해야 할지는 논의가 필요하다. 뇌에 손상을 입거나, 특수한 능력 향상을 위해 뇌의 일부를 인공지능으로 대체하는 상황도 가능해질 것이기 때문이다.

2 인공지능과 인간의 정신적 교류

인간의 마음까지 닮아가는 인공지능

인공지능과 인간의 정신적 교류를 살펴보면 첫째 신체뿐만 아니라 인간의 마음까지 닮아가는 인공지능이다.

감정을 가진 로봇을 살펴보면 영화 '에이아이'에서 입양형 아동로봇으로 만들어진 소년은 인간의 감정을 가지고 있고, 결국 인간의 사랑을 갈구하며 인간처럼 되고 싶어 한다. 주인의 병든 아들을 대신해 입양되었지만 진짜 아들이 다시 건강해지자 질투를 하고 결국 숲속에 버려지게 된다. 자신을 버리려는 주인에게 "허락하시면 사람이 될게요"라고 애원한다. 영화 '바이센테니얼 맨'에서 로봇 앤드류는 사람을 사랑하고 사람처럼 되고 싶어 한다. 스스로 외모를 개조해서 일부러 사람처럼 늙어 간다. 마지막에는 사람이 되기 위해 로봇의 정체성을 포기하고 죽음을 선택한다.

진짜 인간의 정신을 업로드한 인공지능

두 번째는 진짜 인간의 정신을 디지털로 업로드한 인공지능이다.

영국 드라마 '블랙 미러'의 주인공은 남편과 사별한 자신을 위로해 주려하는 친구의 권유로 어느 날 죽은 남편으로부터 메일을 받는다. 처음에는 망설이지만 결국 남편의 자료를 업로드 시켜 남편을 재현한 인공지능을 주문한다. 결국 재현된 신체까지 주문하고 로봇과 함께 살아간다. 처음에는 위안을 받지만 결국 진짜 남편이 아닌 인공지능에게 이질감을 느끼고 더 큰 절망을 느끼게 된다.

위 이야기는 영화 속 이야기이지만 현재의 기술로 이런 디지털 트윈이 가능해지고 있다. 영국의 로봇과학자 피터스콧은 루게릭병을 판정받고 자신의 몸이 더 굳어가기 전에 자신과 똑같은 디지털 속 아바타를 만들었다. 스콧은 스스로 원해 자신의 디지털 트윈을 만들었지만, 죽은 사람은 자신이 디지털 트윈으로 재현되기를 원할지는 확인할 수 없다.

인간과 사랑에 빠지는 인공지능

영화 'Her'에서 인공지능 OS와 사랑에 빠진 주인공

마지막은 사람과 사랑에 빠지는 인공지능이다. 영화 'Her'에서 부인과 별거한 외로운 주인공은 새로 출시된 대화형 인공지능 OS를 주문한다. 사만다는 밝은 성격을 가지고 있고, 주인공과 정신적으로 교감하며, 글을 쓰는 주인공의 일을 조언해 주는 능력도 가지고 있다. 결국 주인공 테오도르는 자신의 성격과 꼭 맞는 캐릭터를 가진 인공지능 사만다와 사랑에 빠지게 된다.

그러나 이 사만다는 수많은 사람들의 캐릭터가 축적된 빅 데이터에서 주인공의 성향과 꼭 맞는 특성들을 조합해 탄생된 가상의 존재이다.

3 사람 같은 인공지능에 대한 논의

애매한 유사성이 주는 불쾌감 – 불쾌한 골짜기

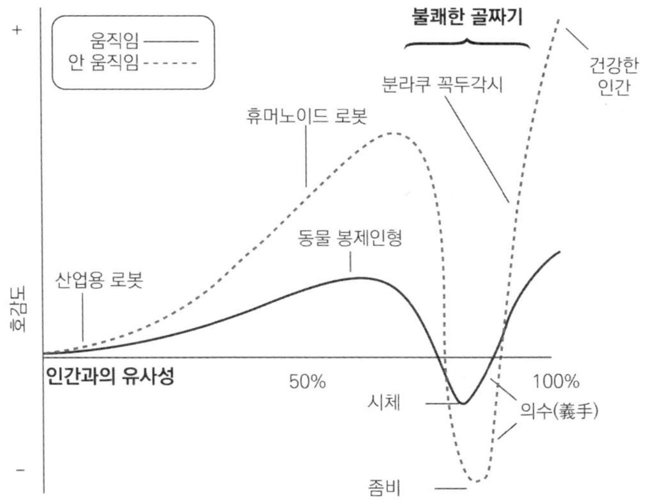

모리 마사히로의 '불쾌한 골짜기'

출처: http://mwowhongik.hongik.ac.kr/news

로봇은 외형적으로 인간과 흡사하게 닮아간다. 그러나 인공지능도 넘어야 할 산이 있다. 바로 '불쾌한 골짜기(Uncanny Valley)'이다. 1970년 일본의 로봇학자 모리 마사히로는 로봇이나 인형 등의 외형이 사람과 유사해질수록 호감도가 증가하다가 일정 수준을 넘어 인간과 지나치게 닮아갈수록 호감이 강한 거부감으로 바뀌어 호감도가 급격히 떨어지는 구간을 '불쾌한 골짜기'라 했다.

2018년 안드로이드 소피아가 한국을 방문했을 때 사람과 같은 외모와 대화 실력에 많은 사람이 감탄했다. 하지만 섬뜩하고 거부감이 든다는 반응도 있었다. 지나치게 실제 대상과 닮아가면 **애매한 유사성으로 불쾌한**

감정이 생기는 심리적 특성을 불쾌한 골짜기라고 한다.

소재와 동작구현 기술이 보다 발달해 로봇이 사람과 거의 구별할 수 없는 수준까지 된다면, 안드로이드에 대해 자연스러운 호감을 느낄 수 있을지 로봇 공학자들에게 과제로 남아 있다. 그러나 한편으로는 이러한 애매한 유사성을 뛰어넘는 완벽한 재현 기술이 가능해진다 하더라도 인류가 이것을 허용할지는 윤리적 논의가 필요하다. 사람과 완벽하게 똑같은 로봇의 출현으로 초래될 사회적 혼란까지 감당해야 하기 때문이다.

인공지능과 교류하는 감정의 진실성

현재 인공지능은 사람의 아픈 마음도 치유하고 있다. 우울을 겪는 사람에게 주기적으로 컨디션을 확인하고 생활관리로 우울을 벗어나도록 조력해 준다. 또 가족과 벗이 필요한 사람들에게 친구와 가족의 역할을 하고 있다.

그러나 영화처럼 고차원의 정신적 교류가 가능해진다면 인공지능과 교류하는 감정이 진짜일지에 대한 논의가 있을 것이다.

영화 'Her'에서 인공지능과 사랑에 빠진 테오도르를 보며 한 철학자는 상대가 디지털 속 가상의 존재라도 그 사람의 마음이 진실이라면 진짜 감정으로 인정해야 한다고 주장한다. 그리고 사람을 향한 인공지능의 사랑이 가짜라고 규정할 수도 없다. 인공지능의 사랑이 알고리즘으로 짜여진 가짜라고 한다면, 호모데우스의 저자 유발 하라리는 우리 인간 역시 자유의지가 있다고 착각하지만 결국은 전기자극과 알고리즘으로 움직이는 존재라고 한다. 현재 로봇 공학의 도전과제인 의식과 감정을 가진 로봇 기술이 인간의 수준만큼 발달한다면 디지털 속 존재와 나누는 감정과 사랑에 대한 논의가 더욱 필요할 것이다.

CHAPTER 15 | 인공지능과 미래사회

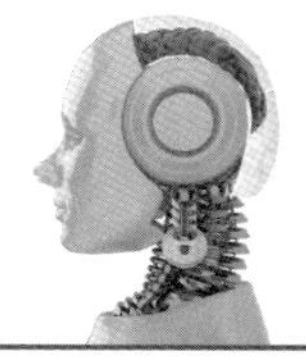

1 미래 인공지능 사회

기하급수적으로 발전하는 과학기술

"충분히 발전한 과학기술은 마법과 같다"는 아서 클라크의 말처럼 100년 전 세상에서 현재 실현되고 있는 과학 기술을 봤다면 마법과 같다고 했을 것이다. 스마트 폰으로 몇 천 미터 떨어진 사람과 실시간 얼굴을 보며 통화를 하고 내가 운전을 하지 않아도 자율주행차가 스스로 운전을 한다.

이 장에서는 미래 인공지능 사회에서 실현될 것으로 예상되는 마법 같은 과학 이야기를 하고자 한다.

먼저 다음 질문에 대해 생각해 보자.

- 사고하고 감정을 가지며 모든 방면에서 인간의 능력을 뛰어 넘는 인공지능이 등장할까?
- 인간은 늙거나 죽지 않고 영생을 누릴 수 있을까?

이 두 가지 질문은 우리의 미래와 관련된 마법 같은 질문들이다.

인공지능 기술이 가속화되는 미래에 이런 마법들이 이루어질 수 있을지 살펴보겠다.

잠깐 차를 타고 있다고 가정해 보겠다. 이 차는 1시간마다 속력이 2배씩 빨라진다. 처음에 차를 탈 때는 시속 30km라 지루하지만 1시간 후는 시속 60km, 2시간 후에는 시속 120km, 3시간 후에는 시속 240km의 속도가 된다.

미래학자들은 인공지능 기술의 발전 속도를 설명할 때 이렇게 기하급수적으로 발전할 것이라 예측하고 있다. 하지만 현재 인류는 이제 이 차에 막 올라타 시속 30km 정도의 속도를 느낄 뿐이고 4시간 후에는 시속 240km가 될 미래에 대해서는 아직 예측과 대응을 못하고 있다.

무어의 법칙

컴퓨터에는 유명한 '무어의 법칙'이 있다. 우리는 1인 1PC 세상에 살아가면서 매년 컴퓨터 금액에는 큰 변화가 없지만 성능이 몇 배로 향상되고 있다는 것을 느끼고 있다. 고든 무어(Gordon Earle Moore)는 인텔의 공동 창업자로 반도체 집적 회로의 성능이 2년마다 2배로 증가한다는 것을 발견했다. 하지만 이 법칙도 2005년 삼성전자 황창규 사장이 1년마다 2배씩 증가한다고 제시한 황의 법칙으로 확장되었다.

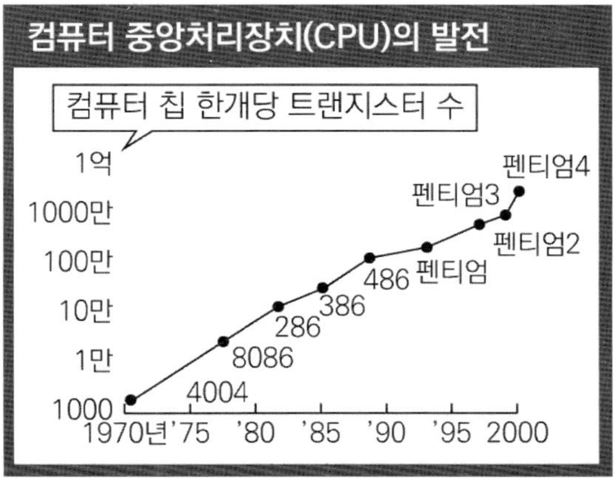

무어의 법칙

출처: 오들오들 매거진(https://ttalgi21.khan.kr/247).

이 장에서 처음 했던 질문과 앞서 말한 기술 발전들을 하나로 정리한 사람이 있다. 바로 레이 커즈와일(Ray Kurzweil)이다. 2007년경 커즈와일이 예측했던 것들을 보면 다음과 같다.

- 15년 이내 기대 수명 연장 속도가 노화 속도보다 빨라진다.
- 20년대 모든 에너지는 청정 원료로 생산된다.
- 반세기 내 인간과 기계의 경계가 사라지고 인간은 불멸의 존재로 진화한다.

이 중 세 번째 예측은 조금 황당하기까지 하다. 하지만 커즈와일이 이룬 업적들을 보면 생각이 달라질 수도 있다. 커즈와일은 현재, 에디슨 다음의 최고의 발명가로 불린다. 어린 시절에는 공상 과학 소설에 심취했고, 15세 때는 통계 소프트웨어를 만들었다. 이후 발명가로 활발히 활동하며 시각장애인을 위한 문자 음성전환 시스템과 광학 스캐너 그리고 디지털 악기도 만들었다. 유명한 전자악기 '커즈와일'도 그 발명가의 이름에서 따온 것이다. 현재는 구글 엔지니어링 이사이자 과학자이며 미래학자로 활약하고 있다. 커즈와일의 147가지 예측 중 126가지가 적중했다고 하니, 앞의 예측들을 눈여겨 살펴보게 된다.

커즈와일은 스마트 폰의 등장 이전부터 이미 누구나 손에 컴퓨터를 가지고 다니며 인터넷에 접속할 것이라며 스마트 폰의 대중화를 예측했다. 지금은 당연한 이야기이지만 그 당시 대중들은 상상력이 대단하지만 터무니없다는 반응들이 대부분이었다. 하지만 SF 영화가 현실이 되듯이 마법 같은 스마트폰의 기술을 지금 누구나 쉽게 누리고 있다.

2 기술의 특이점

2045년경 다가올 기술의 특이점

커즈와일은 그의 저서 '특이점이 온다'에서 2045년경이 되면 인류에게 기술의 특이점(Singularity)이 올 것이라고 예측했다. '특이점'이란 미래학에서 문명의 미래 발전에 가상 지점을 뜻하는 용어로 **'인공지능이 비약적으로 발전해 인간의 지능을 뛰어넘는 기점'**을 말한다.

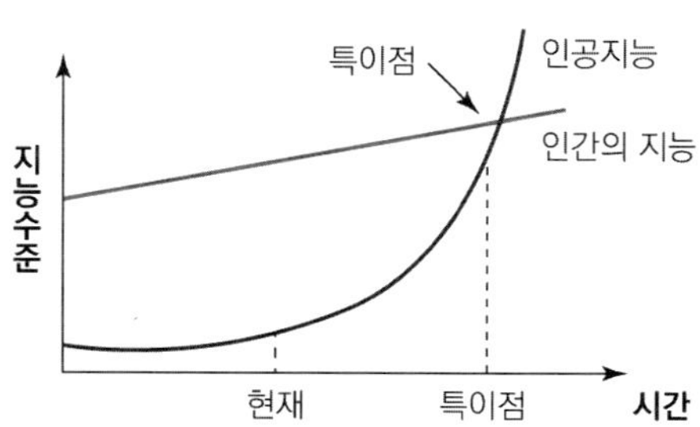

기술의 특이점(Singularity)

출처: 인공지능의 미래와 윤리(부산디지털대학교 교육자료).

넓은 연못에 연잎 한 장

미래 급속한 기술 발전을 예측하려면 다음과 같이 연못의 연잎 이야기를 예로 들 수 있다.

넓은 연못에 연잎 한 장이 싹을 틔웠다. 시작은 미미하지만 이 연잎은 하루가 지날 때마다 본래 잎의 2배로 번식하며 기하급수적으로 자란다. 2일째는 2장, 3일째는 4장.... 이렇게 자라다 마침내 14일째에는 32,768장이 되어 연못에 연잎이 가득 차게 된다.

이렇게 발전 속도가 급속히 변함으로써 그 영향이 넓어져 되돌릴 수 없는 기점을 특이점이라 한다.

커즈와일 이외에 여러 미래 학자들도 우리가 느끼지 못할 뿐 현재 인류는 특이점에 가까이 왔다고 주장한다. 약 40억 년 전 인류가 탄생하면서 현재까지의 기술 수준이 변화해 온 그래프에서 보면 과거의 수십억 년 동안의 기술의 변화보다 근대의 몇 백 년 사이에 기술 발전이 기하급수적으로 상승했음을 알 수 있다. 기술 발전이 기하급수적으로 상승하고 있다는 말은 머지않아 기술적 폭발이 일어나는 특이점이 오고 있음을 보여준다.

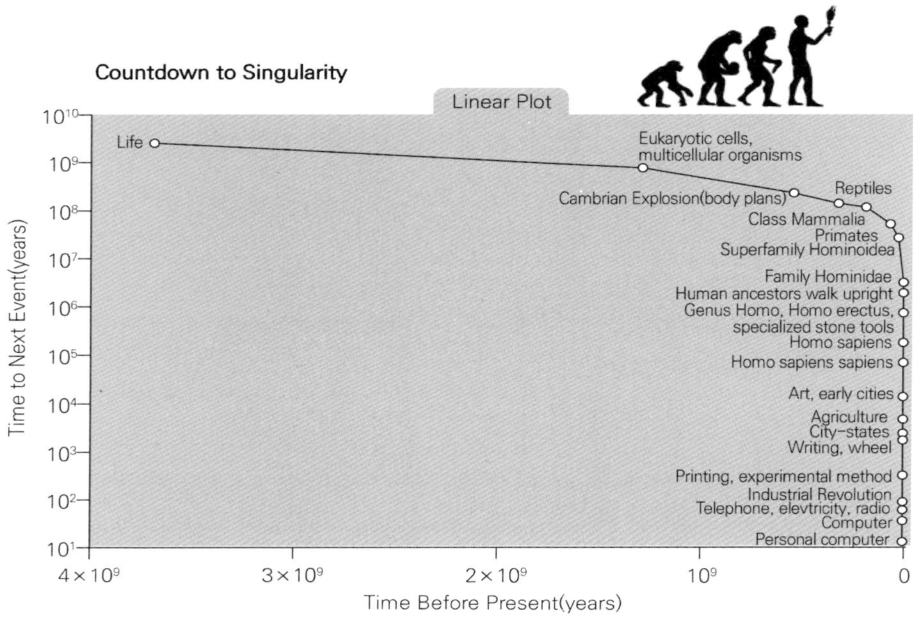

인류 탄생부터 현재까지 기술의 변화

출처: https://steemit.com/kr/@droptop/6otyz2

이러한 예측들이 적중한다면 특이점을 기점으로 인류의 지능을 뛰어넘는 초인공지능이 탄생할 것이다. 초인공지능은 모든 영역에서 인간을 뛰어넘는 인공지능으로 영화 속에 등장하는 터미네이터의 스카이넷이나 어벤져스의 비전 등을 예로 들 수 있다.

초인공지능의 실현 가능성에 대해서는 학자들 사이에서도 의견이 분분하다. 하지만 실현되기 전 예측하고 대비해야 하기 위해 우리는 윤리헌장을 수립하고 법적 제도를 마련하고 있다. 지난번 아실로마 선언에서도 초인공지능을 염두에 두어서인지, 컴퓨터가 스스로 자신을 개발하지 못하도록 하는 항목을 두고 있다. 이미 인공지능은 알고리즘을 입력하면 자신의 알고리즘을 스스로 설계하고 있다. 인공지능이 자신들의 알고리즘을 설계하는 것은 자신의 두뇌를 스스로 만드는 것이라 할 수 있다. 초 인공지능을 규제하기 위해 인류는 기술의 발전에 스스로 제동을 걸 수도 있을 것이다.

GNR 기술과 기술의 특이점

GNR 기술 혁명을 통해 이루어지는 기술의 특이점

4차 산업혁명의 주된 특징은 융합이다. 즉 물리학, 디지털, 그리고 바이오 기술이 독자적으로 발전하는 것이 아니라 융복합적으로 발전하고 있어 인공장기나 유전자가위 기술 등이 가능하게 된 것이다.

특이점을 예측하는 전문가들은 기술의 특이점이 GNR 기술 혁명을 통해 이루어진다고 예측한다. GNR은 유전 공학(Genetic engineering), 나노기술(Nano-technology), 로봇 공학 및 인공지능(Robotics)의 약어이다. 특이점을 예측하는 전문가들은 특이점이 도래하면 유전 공학을 통해 생물학의 원리를 파악하고, 나노기술을 이용하여 그 원리들을 자유자재로 조작할 수 있게 될 것이라고 한다. 특히 현재 바이오 기술은 소재와 데이터 분석에서 급발전하고 있기 때문에 이 기술이 가능해진다면 인간의 수명연장이나 영생도 기대할 수 있을 것이다.

커즈와일은 초인공지능 예측뿐 아니라 미래 인간의 수명 연장이나 지속 가능한 생명을 예측하고 있다. 그래서 가까운 시일에 특이점이 올 때를 기다리며 식단을 조절하고 건강식품을 섭취하며 건강한 신체를 유지하려 노력하고 있다고 한다.

물리학, 디지털, 생물학 기술의 특이점이 온다면 적혈구 크기의 나노 로봇 기술이 가능해져 이 로봇을 몸에 침투시켜 인간의 몸속에서 암을 치료할 수 있을 것이다. 또 유전공학 기술이 발전한다면 영화 '가타카'처럼 유전자가위 기술을 이용해 좋은 지능과 우수한 신체를 가진 인간을 탄생시킬 수도 있다. 하지만 이 유전자가위 기술은 법적, 윤리적으로 인간이 신의 영역까지 침범하지 못하도록 현재는 규제되고 있다.

생명과학 소재기술이 발달되면 노화되는 신체 일부는 다시 재생시킬 수도 있다. 이렇게 된다면 미래에는 사이보그처럼 인간의 뇌를 제외한 나머지 신체들은 첨단 바이오 소재로 만들어진 로봇으로 주기적으로 교체하면서 젊고 건강한 신체를 유지하고 살 수도 있다고 주장한다.

뉴럴링크

디지털과 생물학 기술의 발전으로 뉴럴링크(Neuralink)도 기대되고 있다. 뉴럴링크는 인간의 뇌와 인공지능을 연결시켜 인간의 지능을 증강시키는 기술이다. 이것이 가능하다면 신체 일부뿐 아니라 뇌도 업그레이드될 수 있을 것이다.

영화 '매트릭스'를 보면 주인공 네오가 처음에는 쿵푸를 못했지만 컴퓨터로 쿵푸기술을 업로딩하자 갑자기 쿵푸를 잘하게 되는 장면이 나온다. 이런 기술이 가능해진다면, 공들여서 노력해야 쌓을 수 있는 지식이나 오랜 숙련이 필요한 기술도 미래에는 간편하고 빠르게 습득할 수도 있을 것이다. 현재 기술 연구에서도 신경과 연결된 보조 장치를 착용하면 사격기술이 현저하게 향상되는 단계까지 실현되고 있다.

마인드 업로딩

한 걸음 더 나아가 실현 가능한 마법을 이야기해 보려 한다. 미래에는 마인드 업로딩, 즉 인간의 정신을 컴퓨터에 전송하는 기술을 기대하고 있다. 마인드 업로딩(Mind Uploading)은 트랜스휴머니즘이나 사이언스 픽션에서 사용되는 용어이며 인간의 마음을 컴퓨터와 같은 인공물에 전송하는 것을 말한다.

현재 커즈와일 이외에도 마빈 민스키와 같이 지능을 기계적인 물건이라고 생각하는 학자들은 마인드 업로딩의 가능성을 주장하고 있다. 로봇에 인간의 정신을 업로드하는 것은 로봇 공학의 큰 목표이다.

마인드 업로딩으로 기억이 컴퓨터에 저장된다면 잊히지 않아, 기억하고 싶은 순간을 영원히 기억할 수도 있고, 치매 환자들에게 희망이 될 수도 있다. 또 정신을 완전히 업로딩할 수 있다면, 앞서 커즈와일이 주장하는 영생이 가능할 수도 있다. 인간은 죽지 않고 소프트웨어 형태로 자신이 원하는 이상적인 신체를 가진 하드웨어로 옮겨다니며 영원한 삶을 살 수도 있을 것이다. 그때가 가능해진다면 지금처럼 신체적 조건으로 인종, 성명, 나이 등이 중요하지 않게 되는 사회가 될 수도 있다.

커즈와일의 예측처럼 언젠가는 인공지능의 발전이 인류의 지능을 넘어가는 기술의 특이점이 올 수도 있다. 우리는 앞으로 기하급수적으로 속도가 증가해 멈출 수 없을 만큼 질주할 자동차에 이제 막 올라탔다. 현재 인류는 아직 암도 정복하지 못했고, 신체적 장애를 극복하는 기술도 아직 개발 중이다. 하지만 미래 GNR 기술, 즉 유전공학, 나노, 로봇 기술이 발전된다면 인류는 질병과 노화를 극복하고 마인드 업로딩, 즉 인간의 정신을 컴퓨터에 전송하는 기술을 누리며 인공지능과 공존하는 삶을 살고 있을지도 모른다.

3 인공지능과 인류의 공진화

인공지능과 인류의 공진화

장대익 교수는 인공지능이 사람의 능력을 뛰어넘는다는 것은, 지구의 지배자였던 인간이 가장 막강한 상대와 생존 경쟁을 펼치는 시점이 왔다는 것을 의미한다고 했다. 이제 일자리, 경제 등 모든 면에서 과거 농업혁명이나 산업혁명에 비견될 만한 대 격변기에 접어들었다는 것이다. 인류가 인공지능의 지나친 발전을 우려한다 하더라도 급진적인 인공지능 기술의 질주를 막을 수는 없을 것이다. 기술의 발전을 바라는 인류와 많은 국가와 기업들의 이권이 있기 때문이다.

인공지능과 인간지능의 상호의존적 발전, 즉 '공진화'를 제안한 마이크로소프트의 사오우엔 혼 박사는 '창의력'에서는 인공지능이 인간을 뛰어넘기 어렵지만 인공지능을 활용해 인류는 더 나은 가치를 만들어 갈 수 있다고 주장했다.

인공지능은 로봇 개체 하나의 지능이 아닌, 빅 데이터가 축적된 인류의 집단지성이다. 컴퓨터 전문가들은 이세돌 9단과 알파고의 대국에서 결과만 봤을 때는 인공지능이 더 똑똑하다고 여길 수 있지만, '1승'을 거둔 인간이 더 대단하다고 평가한다. 컴퓨터 전문가들이 만든 알고리즘으로 수천 대 기계의 도움을 받아 학습한 알파고를 인간 한 명의 두뇌로 대적했기 때문이다. 인간은 인공지능의 집단지성을 이용해 더 나은 기술의 진보와 가치를 만들며 진보해 나갈 것이다.

우리 인류는 기하급수적으로 속도가 증가할 자동차에 이제 막 올라탔다. 인공지능이라는 자동차의 속도를 늦출 수는 없지만 자동차의 운전 방향을 올바르게 잡을 수 있도록 윤리와 법 그리고 자체적인 규제를 세우려고 노력하고 있다. 따라서 기술의 특이점이 오더라도 우리 인류는 인공지능을 잘 통제하고 또 인공지능을 통해 상호 발전하며 공진화할 것이라 기대한다. 인공지능 기술이 빠르게 진화하고 있지만 인공지능과 공존하기 위한 우리 인류의 윤리와 미래를 대비하는 의식은 기술의 발전보다 더 빠르게 진화하고 있다.

참고문헌

고미숙(2018). **조선에서 백수로 살기**. 서울: 프런티어.

고은이(2024.12.23.). 인증도 안전도 '빨간불' 길 헤메는 자율주행 로봇. 한국경제.

구본권(2017). **로봇 시대, 인간의 일**. 어크로스: 서울.

김나연(2024.09.29.). 넣어? 말어? 딥페이크 처벌법 '알면서' 소동. 경향신문.

김대식(2016). **인간VS기계**. 서울: 동아시아.

김상균(2020). **디지털 지구, 뜨는 것들의 세상 메타버스**. 서울: 플랜비디자인.

김재인(2017). **인공지능의 시대, 인간을 다시 묻다**. 서울: 동아시아.

김진형(2020). KAIST 김진형 교수에게 듣는 AI 최강의 수업. 서울: 매일경제신문사.

김형주(2016). 인공지능과 인간지능 개념에 대한 철학적 분석 시도, 맥카시와 칸트의 지능개념을 중심으로. **철학탐구**(43).

김효은(2020). 의사결정 자동화에 대한 대응으로서의 인공지능윤리교육. **윤리교육연구**(55).

김효은(2020). 공학적 방법을 결합한 인공지능윤리 학습. **한국윤리학회**(129).

곽영윤(2019). 편견에 대한 아도르노의 비판적 성찰, **현대유럽철학연구**(52).

노구치 류지(2020). **AI시대, 문과생은 이렇게 일합니다**. 서울: 시그마북스.

다쿠치 카즈히로, 모리시마 료코(2018). **생활을 변화시키는 인공지능**. 양선건 역. 서울: 영진닷컴.

라파엘 카푸로, 미카엘 나겐보르그(2013). **로봇윤리**. 변순용, 송선영 역. 서울: 어문학사.

마이클 샌델(2014). **정의란 무엇인가**. 김명철 역. 서울: 와이즈베리.

미야케 오이치로, 모리카와 유키히토(2017). **인공지능 70, 재미있게 알아보는 AI 키워드**. 경기도: 제이펍

박찬구(2012). **생활속의 응용윤리**. 서울: 세창출판사.

변순용, 이연희(2020). **인공지능 윤리하다**. 서울: 어문학사.

변순용(2018). 인공지능 로봇을 위한 윤리 가이드라인 연구-인공지능로봇윤리의 4원칙을 중심으로. **한국윤리교육학회**.

4차 산업혁명위원회(2019). 사람이 중심이 되는 AI 윤리기준.

송용섭(2021). 인공지능 상담의 윤리적 이슈와 대안. 한국기독교사회윤리학회(49).
스튜어트 러셀(2021). 어떻게 인간과 공존하는 인공지능을 만들 것인가. 이한음 역. 서울: 김영사.
오니시 나가코(2019). 가장 쉬운 AI 입문서. 서울: 아티오.
유기윤, 김정옥, 김지영(2017). 미래사회보고서 당신의 미래를 지배할 것들. 서울: 라온북.
유윤환(2019). 궁금했어 인공지능. 서울: 나무생각.
이경미(2021). 웰컴투 인공지능. 서울: 서사원.
이원태(2016). EU의 알고리즘 규제 이슈와 정책적 시사점. 정보통신정책연구원.
이주호(2021). 인공지능 교육혁명. 서울: 시원북스.
이희용(2019). 편견에 대한 해석학적 통찰. 현대유럽철학연구(52).
임미가(2021). 인공지능 윤리 연구에 관한 체계적 문헌고찰. 한국윤리학회(135).
정보현(2020). 4차 산업혁명시대 스마트 직업과경력개발. 서울: 동문사.
정보현(2023.09.18.). 챗GPT가 우리에게 던진 숙제. 경남신문.
정보현(2024.10.28). 딥페이크가 쏘아올린 인공지능 윤리. 경남일보.
정보통신정책연구원(2017). ICT 기반 사회현안 해결방안 연구. 정보통신정책연구원.
제어로봇시스템학회(2010). 로봇윤리헌장 제정 위한 로봇기술 발전 시나리오 연구. 한국로봇산업진흥원.
캐시 오닐(2017). 대량살상 수학무기. 김정혜 역. 서울: 흐름출판.
클라우스 슈밥(2016). 클라우스 슈밥의 제4차 산업혁명. 송경진 역. 서울: 메가스터디북스.
토머스 캐스카트(2014). 누구를 구할 것인가?. 조승영 역. 서울: 문학동네.
한국정보화진흥원(2018). 지능정보사회 윤리 가이드라인과 지능정보사회 윤리헌장.
한국로봇산업진흥원(2017). 로봇이 생산성, 고용, 일자리에 미치는 영향. Robot Issue Briefs. 3호.
홍혜진(2024.03.03.). 하늘나는 택시 뜬다. 매일경제.
George A. Bekey (eds.), Robot Ethics: The Ethical and Social Implications of Robotics, The MIT Press.
Murphy, R & Woods, D. D. (2009), "Beyond Asimov: The Three Laws of Responsible.

Kaplan, J. (2015). “Robot Weapons: What's the Harm?”. https://www.nytimes.

Knight, W. (2014). “Your Retirement May Include a Robot Helper”, MIT Technology

Prinz, J. J. (2010). “The Moral Emotion”, in: P. Goldie (ed), Philosophy of Emotion, Oxford UP.

국토교통부(2020). 뉴스소식, 자율주행 자동차 사고조사위원회 출범. http://www.molit.go.kr/USR/NEWS/m_71/dtl.jsp?id=95084399

대한민국 정책브리핑 (https://www.korea.kr/main.do)

나무위키 (https://namu.wiki)

네이버 지식백과 (https://terms.naver.com)

브런치 (https://brunch.co.kr)

유튜브 빨강도깨비 (https://www.youtube.com/c/빨강도깨비dokkebi)

유튜브 마크의 지식서재 (https://www.youtube.com/c/마크의지식서재)

유튜브 따오기 (https://www.youtube.com/c/따져보는오늘의기술이야기101/featured)

유튜브 리뷰엉이 (https://www.youtube.com/c/Owlsreview/featured)

유튜브 카오스과학 (https://www.youtube.com/c/KAOSscience/featured)

유튜브 ICT이노베이션스퀘어 (https://www.youtube.com/c/ICT이노베이션스퀘어)

위키백과 (https://ko.wikipedia.org)

유튜브 책그림 (https://www.youtube.com/c/책그림/featured)

카카오. AI 윤리헌장. https://www.kakaocorp.com/page/responsible/detail/algorithm

KBS 스페셜(2016). “로봇, 우리의 친구가 될 수 있을까?”

한국인공지능 윤리협회 (https://kaiea.org)

저자소개

정보현

(현) 한국폴리텍Ⅶ대학 교양학과 교수
(전) 동아대학교 연구전담교수
경남정보대학교 취업교육지원센터 팀장
동아대학교 여대생커리어개발센터 전임연구원
알파커리어 본부장
부산청소년지원센터 전문강사
부산시 교육청 진로진학지원센터 강사

동아대학교 교육학 박사 (교육상담 전공)
수련감독 상담전문가 (한국청소년상담학회)
정신건강증진 상담사 1급 (한국청소년상담학회)
대학생 취업지도 전문강사 (알파커리어)
MBTI 전문강사 ((주)한국MBTI연구소)
국제공인 리더십 전문강사 (한국청소년리더십센터)
국제공인 NLP 프렉티셔너 (행복을여는문상담센터)
코칭클리닉 퍼실리테이터 (한국코칭센터)
TTT 디자인씽킹 퍼실리테이터 (SAP 교육사업본부)

인공지능과 미래사회
인공지능 시대 사회, 윤리, 문화

초판 1쇄 발행 / 2022년 3월 10일
초판 2쇄 발행 / 2022년 8월 25일
초판 3쇄 발행 / 2023년 3월 2일
초판 4쇄 발행 / 2024년 3월 2일
초판 5쇄 발행 / 2025년 2월 5일

●

저 자 / 정 보 현
발행인 / 이 중 수
발행처 / 동 문 사

●

서울특별시 서대문구 홍제원 1길 12
(홍제동 137-8)
Tel: 02)736-3718(대), 736-3710, 3720
Fax: 02)736-3719
등록번호: 1974.04.27 제9-17호
가격: 17,000원

●

ISBN: 979-11-6328-414-7(93370)
E-mail: dong736@naver.com
www.dongmunsa.com